The Ratcatcher –
Der Rattenfänger

von Dore Steinert

Langenscheidt

Berlin · München · Wien · Zürich · New York

Lektorat: Marion Schweizer
Englischsprachiges Lektorat: Stephen Roche
Umschlaggestaltung: init.büro für gestaltung, Bielefeld

www.langenscheidt.de

Umwelthinweis: gedruckt auf chlorfrei gebleichtem Papier

Satz: Franzis print & media GmbH, München
Druck: Mercedes-Druck, Berlin
Bindung: Stein+Lehmann GmbH, Berlin
Printed in Germany

ISBN 978-3-468-20553-8

10010

Inhalt

shall wirst

scarlet Scharlachrot

bank Ufer

yon jene(r,s)

dost = do

thou = you

Erl King Erlkönig

mine mein

to hush still werden

thee = you

thy = your

thou hear'st = you hear

terror Schrecken

to appease besänftigen

'mid inmitten

to murmur säuseln

breeze Wind

to nurse aufziehen

fair hübsch

gay fröhlich

to dress bekleiden

to tend sich kümmern um

rest Ruhe

"Come, baby, sweet baby,
with me go away!
Fine clothes you ***shall*** *wear,*
we will play a fine play;
Fine flowers are growing,
white, ***scarlet****, and blue,*
On the ***bank*** *of* ***yon*** *river,*
and all are for you."

"Oh! father! my father!
and ***dost thou*** *not hear,*
What word the ***Erl King***
whispers low in ***mine*** *ear?"*
"Now ***hush thee****, my darling,*
thy terrors appease*;*
Thou hear'st*,* ***'mid*** *the branches,*
where ***murmurs*** *the* ***breeze****."*

"Oh! baby, sweet baby,
with me go away!
My daughter shall ***nurse*** *you,*
so ***fair*** *and so* ***gay****;*
My daughter, in purple
and gold who ***is dressed****,*
Shall ***tend*** *you, and kiss you*
and sing you to ***rest****!"*

"Oh! father! my father!
and dost thou not see
The Erl King and his daughter
are waiting for me?"
"Oh! ***shame*** *thee, my darling,*
'tis *fear makes you blind:*
Thou see'st the dark ***willows***
which wave in the wind."

"I love thee! I ***dote on***
thy *face so* ***divine****!*
I must and will have thee,
and ***force*** *makes thee mine!"*
"My father! my father!
oh! ***hold*** *me now* ***fast****!*
He pulls me! he hurts,
and will have me at last!"

The father he trembled,
he ***doubled*** *his* ***speed****;*
O'er *hills and through*
forests he ***spurre'd*** *his black* ***steed****;*
But when he arrived
at his own castle door,
Life ***throbbed*** *in the sweet*
baby's ***bosom*** *no more.*

Johann Wolfgang von Goethe, The Erl King
Translation: Matthew G. Lewis

to shame sich schämen
'tis = it is
willows Weide
to dote on schwärmen für
thy dein
divine göttlich
force Gewalt
to hold fast festhalten
to double verdoppeln
speed Geschwindigkeit
'er = over
to spur anspornen
steed Ross
to throb pochen
bosom Brust

The Missing Children

Dear diary, I hate jou.

David hatte seine Hand an die Schläfe gelegt und saß so dicht über den Tisch gebeugt, dass er fast vornüberkippte. Er legte die Stirn in Falten und kritzelte eine kleine Spirale über das j im letzten Wort.

missing
verschwunden

This sucks!
Das ist ätzend!

You. I hate you. I hate English. I hate homework. We have holidays. ***This sucks!***

Seufzend setzte er sich auf, riss das Blatt Papier aus dem Notizbuch, knüllte es zusammen und warf es nach dem Papierkorb, der unter dem Fenster stand. Mit einem leisen Pling prallte es gegen den Rand, fiel runter und blieb auf dem Fußboden liegen. Der Boden war längst mit Papierkugeln übersät, das Notizbuch dagegen wurde dünner und dünner. David fuhr mit dem Finger über den Streifen, den die ausgerissenen Blätter in dem Buch hinterlassen hatten. Er war fast so dick wie sein kleiner Finger.

Zwei Stunden am Tag sollte er arbeiten, wenn er in England in die achte Klasse versetzt werden wollte. Zwei gottverdammte Stunden. Das war die Abmachung zwischen seiner Mutter, seiner alten Lehrerin in Hamburg und der neuen Klassenlehrerin in England gewesen. David hatte niemand gefragt, weder was den Umzug der Familie nach England, noch was seine neue Schule anging. Aber seine Mutter hatte den Brief über seinen Schreibtisch gehängt, damit David ihn ständig vor Augen hatte.

Er hatte ihn in den letzten arbeitsreichen Wochen so oft gelesen, dass er den Inhalt auswendig konnte: *David, ich möchte nicht, dass du das hier als Strafarbeit empfindest. Aber angesichts deines letzten Notendurchschnitts ...*

Drei komma vier, dachte David bitter. Drei war befriedigend, oder nicht? Seit wann war befriedigend denn nicht mehr befriedigend genug?

... Um den alten Stoff nachzuholen und dich sprachlich auf die neuen Herausforderungen vorzubereiten ... Vielleicht würde es dir Spaß machen, ein Tagebuch zu führen.

Vielleicht würde es mir auch Spaß machen, ein Loch im Fuß zu haben, dachte David, man könnte es ja mal ausprobieren. Viel schlimmer als diese Sommerferien kann es nicht sein.

"David?" Seine Mutter kam die Treppe herauf. "David, I could use some help here", sagte sie, als sie die Tür öffnete.

Mit zusammengezogenen Augenbrauen hörte David ihr zu. Sie war Engländerin, und seit die Familie hierher gezogen war, weigerte sie sich plötzlich, mit ihren Kindern Deutsch zu sprechen. Um sie auf die sprachlichen Herausforderungen vorzubereiten und so weiter und so fort und blablabla. Nach den ersten Protesten hatten David und seine Schwester sich darauf geeinigt, sie nicht weiter zu beachten und besonders langsam und deutlich auf Deutsch zu antworten.

Sie ignorierte seine schlechte Laune und lächelte

freundlich. Ihr braunes Haar war lose im Nacken zusammengebunden, einzelne Strähnen hatten sich gelöst und hingen ihr in die Augen. Das Gesicht war über und über mit winzigen kanariengelben Farbspritzern bedeckt. Über ihre Kleider hatte sie einen ehemals weißen Arbeitsoverall gezogen, den sie seit mehr als einer Woche trug.

David saß am Schreibtisch und biss nachdenklich in seinen Bleistift. Als hätte er die Mutter gerade erst wahrgenommen, hob er den Kopf und wandte den Blick von seinem Tagebuch ab. "Ich arbeite, Mama", sagte er ernst.

Misstrauisch machte sie einen Schritt nach vorn. "Can I read it?"

David griff sich das Notizbuch und presste es gegen seine Brust. "Es ist ein Tagebuch, Mama. Du hast versprochen, es nicht zu lesen", protestierte er.

Die Mutter starrte auf die Papierkugeln, die noch immer auf dem Boden verstreut lagen, und sagte nichts.

"Wirklich, Mama. Ich bin doch nicht blöd. Ich weiß doch, dass es wichtig ist. Von wegen meinem Notendurchschnitt und so."

Mit einem letzten Blick auf die Papierkugeln zog sie sich zurück. David ließ das Notizbuch aufseufzend auf den Tisch sinken. Noch einmal würde er damit nicht durchkommen. Mit möglichst großen, breiten Buchstaben begann er zu schreiben.

mood Laune

My Mum is still downstairs, painting the kitchen white and yellow. She says the colour yellow will improve our ***mood*** *in the morning. But I'm afraid it won't work.*

Um Davids Mundwinkel begann sich ein kleines, feines Lächeln zu formen. Wollen wir doch mal sehen, ob du das liest, Mama. Und was du sagst, wenn du es liest. Weil du ja eigentlich nichts sagen kannst, wenn du versprochen hast, es nicht zu lesen …

Mum is a zombie in the mornings.

While Lotte is still in the bathroom and I set the table for breakfast, Mum comes in looking ***half asleep****. Her eyes are* ***swollen****, and her hair is a mess. I'm not even sure she brushes her teeth first! Uaargh! But I never get close enough to know for sure. Nobody tries to talk to her until she's had her first cup of coffee, not even Dad. (And Dad is* ***courageous*** *– he did a* ***parachute jump*** *last August, and he goes on* ***archaeological*** *expeditions to South America, with* ***poisonous*** *spiders and snakes and everything. But I know he's afraid of Mum). I miss my Dad.*

half asleep
verpennt
swollen
geschwollen
courageous
mutig
parachute jump
Fallschirmsprung
archaeological
archäologisch
poisonous
giftig
archaeologist
Archäologe, Archäologin
to wish
wünschen

David seufzte. *I miss him.* Er blätterte zurück auf die letzte Seite, die er vor zwei Tagen geschrieben hatte. Auch da stand es: *I miss my Dad.* Und auf der Seite davor: *My Dad lives and works in London. He promised to visit us every weekend, but I wish we could stay together. He can't find any work here in the countryside (he's an* ***archaeologist****), he usually works in big museums or universities. We can't live in London, it's just too expensive. My parents found this house right next to the beach and told us how wonderful it would be to live here, but I* ***wish*** *we could see Dad every day. I'd even be* ***willing*** *to* ***share*** *a room with Lotte.*

Na ja, okay, das war übertrieben, dachte David. Ein Zimmer mit Lotte teilen, das war entschieden zu viel verlangt. Seit ihrem fünfzehnten Geburtstag vor ein paar Monaten war seine Schwester noch absonderlicher geworden als je zuvor.

willing bereit
to share sth sich etw teilen

Als hätte sie gewusst, dass er an sie dachte, streckte Lotte den Kopf durch die Tür. "David, Mama will, dass wir den Küchentisch streichen."

David blickte sie misstrauisch an. "Ich dachte, das wäre dein Job", erwiderte er. "Ich hab gestern die Brennnesseln hinter dem Schuppen gerodet."

Lotte verdrehte die Augen. "Stell dich nicht so an. Das war gerade mal eine halbe Schubkarre voll. Ich hab keinen Bock, alles allein zu machen. Kommst du?"

Er nickte seufzend. "Sobald ich mit Englisch fertig bin."

Lotte zog ihren Kopf zurück. "Ich wollte eigentlich nicht warten, bis die Sommerferien zu Ende sind", murmelte sie und knallte die Tür zu.

Eine halbe Stunde später schob David leise das Zimmerfenster hoch. Aus der Küche hörte er das Pfeifen seiner Mutter, gemischt mit einem Radio-Hörspiel. Der beißende Geruch von Lack hing in der Luft. Wahrscheinlich strich sie inzwischen die Fensterrahmen. David zog seinen Kopf zurück, steckte sich zwei Comichefte in den Hosenbund und stieg aus dem Fenster. Er ließ sich vom Vordach nach unten baumeln, Füße voran. Dann landete er im Gras.

Lotte und die Mutter saßen im Schneidersitz im Wohnzimmer, als David aus seinem Versteck im Garten zurückkam. Vor ihnen auf dem Fußboden lagen ein aufgeschnittenes Brot, Gurken und einige Packungen Wurst und Käse.

"We're having a picnic. With all this work to do, I had no time to cook", meinte die Mutter fröhlich. Sie hatte sich die Spritzer aus dem Gesicht gewaschen, roch aber noch immer leicht nach feuchter Farbe.

Lotte pulte missmutig an einem Lackfleck auf ihrem Ärmel und würdigte David keines Blickes.

"Oh, and **by the way**, before you sit down, can you get us some glasses from the kitchen? The box is right under the window in the left corner", sagte die Mutter.

by the way
übrigens

David drückte die Küchentür auf. Die Wände waren kanariengelb, Fensterrahmen und Fensterbretter waren weiß abgesetzt, ebenso wie die Zierleisten an der Decke. Das Zimmer wirkte tatsächlich hell und einladend, obwohl es auf der Ostseite des Hauses und jetzt am Abend im Schatten lag.

David stieg vorsichtig über die Farbkleckse, die noch hier und da auf den Plastikplanen trockneten, und hob eine Folienabdeckung an, um an den Karton zu kommen.

Das Radio spielte einen Werbejingle, dann ertönte plötzlich die Stimme des Nachrichtensprechers so dicht an seinem Ohr, dass David zusammenzuckte. Das Gerät stand auf dem Fensterbrett, direkt vor ihm.

"It's seven o'clock. You are listening to BBC Radio, London. This is Dave Levitt with the evening news. Another child **has been reported missing** in southern England. While the **search** for fourteen missing children still goes on, another child has been reported missing near London. Margaret Norring from Chelmsford, eleven years old, did not **turn up** for her **violin lesson** after school **the day before yesterday**. Parents and neighbours immediately began looking for her, but Margaret has not yet been found. As with the other missing children, the police found no **trace** of the girl. **Unfortunately**, there are no **witnesses** ..."

to report sb missing jdn als vermisst melden
search Suche
to turn up erscheinen
violin lesson Geigenunterricht
the day before yesterday vorgestern
trace Spur
unfortunately leider
witness Zeuge, Zeugin
awful furchtbar

"David?", rief seine Mutter aus dem Wohnzimmer. "Did you find them?"

David zuckte zusammen und griff nach dem Karton. "Ich komm schon!"

"Hast du dich verlaufen?", fragte Lotte zuckersüß, als er zurückkam.

"Ich hab Nachrichten gehört", zischte David wütend und merkte zu seiner Verbitterung, dass seine Ohren rot wurden. "Ein Kind ist verschwunden. Oder entführt worden", sagte er schnell.

"Oh my god. The poor little child. That sounds **awful**", sagte die Mutter.

"Das scheint hier öfter vorzukommen", meinte David. "Sie haben gesagt, es sei schon das vierzehnte Kind."

"Wenn ihr mich fragt, sollten sie mal die komische

Alte oben in dem Haus an der Klippe fragen", sagte Lotte leise. "Sie ist heute den halben Nachmittag um den Vorgarten herumgeschlichen und hat versucht, mich zu sich zu locken. Sie hat mir Kekse angeboten, als wäre ich ein völlig beklopptes Kleinkind. Wahrscheinlich hat sie nicht alle Tassen im Schrank."

"You should be a bit more **polite**, don't you think?", wies die Mutter sie zurecht.

polite höflich

"Ich überleg's mir. Vielleicht kommt sie dann wieder und nimmt David mit."

"Lotte!"

Erst als David im Bett lag und auf die Vorhänge starrte, die vom Abendwind nach innen ins Zimmer geweht wurden, erinnerte er sich. Chelmsford near London. Sie waren durchgefahren auf der Fahrt hierher. Es waren keine zwanzig Kilometer von dort bis zu ihrem Haus in Burnham-on-Crouch.

The Neighbour's Boy

Als David den Kopf durch ihre Tür steckte, fuhr Lotte herum. Sie hielt die Hand über den Hörer und zischte ihm widerwillig zu: "Kannst du nicht sehen, dass ich telefoniere?"

Na sicher doch, dachte David, und hören kann ich es auch, wie jeder hier im Haus. Seit über einer Stunde schon. Aber er fragte nur: "Kann ich dein Fahrrad haben?"

"A **Victorian** cottage by the seaside", hatte der Vermieter gesagt, "two **storeys**, with a **thatched roof**. The **former owner used to** grow roses. You'll love it. It's only sixty miles from London, and no more than five hundred yards from the beach." Was durchaus stimmte. Nur dass der Makler vergessen hatte zu erwähnen, dass die Luftlinie von fünfhundert Metern auch einen Höhenunterschied von vierzig Metern einschloss. Eine ungemütliche Steilwand trennte ihr neues Heim von dem steinigen Strand, der direkt unterhalb des Hauses nicht mehr als einen Meter breit war. Wer ans Wasser wollte, musste zu einem vier Meilen entfernten Strand fahren. Wer ans Wasser wollte, brauchte ein Fahrrad. Lottes Fahrrad, um genau zu sein.

Victorian viktorianisch
storey Stockwerk
thatched roof Reetdach
former ehemalig
owner Besitzer(in)
used to hat früher

"Was?", fragte Lotte.

"Dein Fahrrad. Kann ich dein Fahrrad haben?"

Sie nahm die Hand vom Hörer. "Ob du mein Fahrrad haben kannst?"

"Ja."
"Sicher", sagte Lotte freundlich und lächelte ihn an.
"Oh." David war überrascht. Mit einer derartigen Reaktion hätte er nie gerechnet.
"Wenn du nichts dagegen hast, dass ich telefoniere", meinte Lotte gelangweilt.
"Äh", sagte David. "Das Fahrrad. Jetzt gleich?"
"Sobald ich es nicht mehr brauche." Lotte drehte ihm den Rücken zu, um das unterbrochene Gespräch wieder aufzunehmen.
David trat unsicher von einem Bein aufs andere. "Und wann wäre das?"
Seine Schwester wandte sich wieder um und sah mit ihren unglaublich kornblumenblauen Augen zu ihm auf, so hübsch und unschuldig und blond, als wäre sie einer Kitschpostkarte entsprungen. Sie trug nicht mal eine Zahnspange. Lotte lächelte.
"In zwei, drei Jahren, denke ich."
Mit einem lauten Knall schlug er die Tür zu.

fireplace offener Kamin
to cover abdecken

David hatte nicht mehr als zwei Seiten gelesen, als seine Mutter ihn in der Hängematte entdeckte.
"Hello, Honey."
Er hasste es, wenn sie ihn so nannte.
"Have you finished your homework?"
"Mmmh."
"Well, maybe you can help me here. Somebody has to clean the **fireplace**. And please **cover** the floor first, otherwise we'll have **soot** everywhere. You can use the newspaper on the **kitchen counter**."

"Aber Mama, Lotte macht nie ..."
Davids Mutter schob angriffslustig das Kinn vor. "Your sister painted the kitchen table yesterday, while you were reading comic books in the garden. Don't think I didn't see you."
"Ja, aber dafür habe ich die Brennnesseln ausgerissen. Seit Lotte die Flatrate hat, telefoniert sie den ganzen Tag."
"She tidied up the living room, while you were lying in the **hammock**, my dear", sagte die Mutter und kam langsam in Fahrt. "Actually, none of you **have been pulling** your **weight** here. Anyone would think I was the only one living in this house. You don't even go shopping or **do the dishes**! Yesterday, after painting the kitchen, I had to get the pizza as well and ..."
David hob abwehrend die Hände. "Sorry, Mum, ich spreche kein Englisch!", rief er und verzog sich in die Küche, um Zeitungspapier und Besen zu holen.

soot Ruß
kitchen counter Küchentheke
hammock Hängematte
to pull one's weight seinen Beitrag leisten
to do the dishes den Abwasch machen

Er breitete die Zeitung auf dem Wohnzimmerfußboden vor dem Kamin aus und zog sich die Handschuhe über. Vorsichtig, um nicht zu viel Ruß aufzuwirbeln, stellte er das schwere Eisengitter zur Seite. Dann schaufelte er die Überreste des letzten Feuers heraus. In einer schwarzen Staubwolke fielen die Brocken auf die Zeitung.
Still no Trace of Missing Girl, lautete die Schlagzeile. David beugte sich vor und wischte die Schlacke vorsichtig zur Seite. Darunter sah er, fast eine halbe Seite

groß, das Foto eines lachenden Kindes. *While the police search continues, **hope is sinking** for little Margaret.*

David betrachtete das Foto genauer. Das Mädchen war elf Jahre alt, nur ein Jahr jünger als er selbst, sah auf dem Foto jedoch sehr kindlich aus, mit großen, lachenden Augen und einem roten Sweatshirt. Ihre Haare waren zu strammen Zöpfen geflochten und in ihrem lachenden Mund glaubte David zwei Zahnlücken zu sehen. Um den Hals trug sie einen affigen rosa Schal mit kleinen, wolligen Schäfchen. Ihre Arme waren dünn und zerbrechlich.

*More than fifty hours after her **disappearance** Margaret Norring from Chelmsford has not yet been found. The Police have given up hope of finding the eleven-year-old girl within the next few days. "We **suspect** that Margaret's disappearance may be linked to the cases of the other children who **have gone missing** over the last seven months. So far we still have no trace, no witnesses, and no explanation for these disappearances", **announced** Boris Johnson, Mayor of London. "We are doing everything we can. More than a thousand volunteers from all over the country are helping to **search for** the **abducted** children. The **army is on standby**. We are **confident** that we will find them. We still hope to bring them back **unharmed**."*

Hope is sinking. Die Hoffnung schwindet.
disappearance Verschwinden
to suspect vermuten
to go missing verschwinden
to announce bekannt geben
to search for sb nach jdm suchen
abducted entführt
army Armee
to be on standby in Bereitschaft stehen
confident zuversichtlich
unharmed unversehrt

*Police now are offering a **reward** of 5,000 pounds for information **leading** to the **discovery** of the children.*

David betrachtete noch einmal das lachende Mädchengesicht. Zu seiner Überraschung spürte er, wie sich die Haare auf seinem Unterarm aufstellten. Er war kein Feigling, aber die Vorstellung, gefangen zu sein, womöglich in einem dunklen Loch oder Keller, ganz allein, wie dieses Mädchen vielleicht ... uah!

Er lief in sein Zimmer und holte seine Steinschleuder aus dem Versteck unter der Matratze. Er hatte sie letztes Jahr mit seinem Vater gebastelt, nach Bauanleitungen für antike römische Schleudern. Der Griff war mit Ziegenleder umwickelt, die Gabel aus Haselnussholz geschnitzt. Der Vater hatte darauf bestanden, dass David alles selbst machte und keine modernen Kleber benutzte, und David war immer noch jedes Mal stolz, wenn er sie in die Hand nahm. Er steckte die Schleuder in seinen Hosenbund und schlich aus dem Haus in den Gartenschuppen. Wäre doch gelacht, wenn er Lottes Fahrradschloss nicht knacken könnte.

reward Belohnung
to lead (led, led) führen
discovery Auffindung
to move umziehen

Er traf den Jungen nach wenigen hundert Metern auf dem Feldweg zum Strand, gleich neben dessen Haus. Das musste Harry Brown sein, der Nachbarssohn. Mit rutschenden Reifen kam David zum Stehen.

"Hi. I'm David", sagte David stockend und streckte dem Jungen die Hand hin. "We're your new neighbours. We just **moved** here last week. From Hamburg. That's in Germany", fügte er unnötigerweise hinzu

und spürte mal wieder seine Ohren heiß werden. "Are you Harry?", fragte er schnell.
Der Junge erwiderte den Gruß nicht. Er war etwa genauso alt wie David und genauso mager, jedoch mit breiten Schultern und großen, viereckigen Händen. Seine Haare glichen Davids, kurz und verstrubbelt, nur dass die Haare des Jungen etwas dunkler waren als Davids blonder Schopf. Beide trugen weiße T-Shirts und Shorts, allerdings waren Harrys Schuhe die echten von Vans, nicht so eine billige Kopie, wie David sie von einem Freund geschenkt bekommen hatte.

custom-made
Sonderanfertigung

"I know where Hamburg is", sagte der Junge schließlich mit einer hohen, etwas leiernden Stimme. David fand sie ein wenig unangenehm.
"Yeah", murmelte er. Sie standen mit hängenden Armen da und sahen einander an.
"I like your bicycle", brachte David hervor. Es war ein ziemlich gutes Teil. Ein BMX-Rad, verchromt mit echtem Ledersattel. David konnte keinen Markennamen erkennen, vielleicht war es sogar eine Sonderanfertigung. Solche Speichen hatte er noch nie gesehen und die Kappen über den Ventilen waren goldene Totenköpfe. "Are those **custom-made**?"
"Yeah. I like your bike, too." Der spöttische Zug um Harrys Mundwinkel war jetzt unverkennbar.
David sah nach unten auf sein Rad – Lottes Rad, ganz in Rosa mit Little-Miss-Kitty-Aufklebern und bunten Anhängern am Lenker – und diesmal wurden nicht nur seine Ohren rot.

"It's my sister's." Davids Englisch fühlte sich seltsam und ungelenk an, er sprach langsam und pedantisch, als wäre er ein bisschen zurückgeblieben. Zumindest kam es ihm so vor. "My bike was stolen a month ago, and my parents decided to buy a new one in England."

"I see."

"So I guess I'll get a new one on my thirteenth birthday. That'll be in October."

"I got this bike just for the summer holidays", sagte der Junge, immer noch mit der gleichen gelangweilten Stimme. "My dad is really, really **generous**. He works as an **investment banker** in one of London's most **prestigious insurance companies**. He **manages** all of their European **stock portfolios**", gab er an.

David nickte unsicher. Er hatte nur die Hälfte verstanden.

"For my birthday I'm getting a new PS3, and a trampoline for the garden, right next to our swimming pool", fuhr Harry fort. "Do you have PS3 in Germany?"

David hob die Schultern. "Sure we do. I've got an Xbox 360, but ...", sagte er unvorsichtigerweise.

Zum ersten Mal zeigte der Junge ein wenig Interesse. "What games have you got?"

"Well, I've got Halo 3, and Black Side, but ..."

"Okay. **Let's go!**", unterbrach Harry ihn. Er stieg vom Rad und legte es am Straßenrand ab. David bewegte sich nicht.

generous großzügig
investment banker Fachmann für Kapitalanlagen
prestigious renommiert
insurance company Versicherungsgesellschaft
to manage verwalten
stock portfolio Wertpapierbestand
Let's go! Gehen wir!

"What are we waiting for?", fragte Harry herausfordernd.
"Well. I've got an Xbox 360. It's just not here", stammelte er. Das war die reine Wahrheit. Natürlich hatte er eine Konsole. Aber … "It's in London."
"Sure." Harrys Gesicht nahm einen spöttischen Ausdruck an.
"When we moved, they made a mistake", versuchte David zu erklären.
"You're lying."
"No, it's true. They put my **games console** in the wrong box, and sent it to London. My dad lives there, you know. He works in the British Museum", stammelte David verzweifelt.

games console
Spielkonsole
divorce
Scheidung
divorced
geschieden

"When did you move here?"
"Three weeks ago."
"And your dad hasn't given it back yet?"
David schüttelte unglücklich den Kopf. Am Anfang hatte er die Geschichte mit dem falschen Umzugskarton noch geglaubt, aber inzwischen waren auch ihm Zweifel gekommen. Wahrscheinlich brachte sein Vater die Spielkonsole mit Absicht nicht mit, damit David sich dadurch nicht vom Lernen ablenken ließ. Er vermutete stark, dass seine Mutter dahintersteckte.
"Next time he will", murmelte er mit zusammengebissenen Zähnen. "He promised." Die Unterhaltung fing an, ihm auf die Nerven zu gehen.
Harry richtete sich auf und stemmte die Hände in die Hüften. "They always promise everything after a **divorce**. Your parents are **divorced**, right?", fragte er herausfordernd.

to renovate renovieren
interior designer Innenarchitekt(in)
to decorate einrichten
single mother alleinerziehende Mutter
ugly hässlich
ridiculous lächerlich
slingshot Schleuder
shoe box Schuhkarton
string Schnur

"They are not!"
"Yes, they are!"
"They are not!" Obwohl seine Eltern tatsächlich alles andere als geschieden waren, spürte David, wie ihm vor Scham die Tränen in die Augen traten.
"Sure they are." Harry lachte höhnisch. "Don't you think I've seen your mum **renovating** that old house over there? Mums don't do that unless they have to."
"My mum is an **interior designer**. She loves **decorating**", sagte David wütend. Er spürte selbst, wie unglaubwürdig er klang, Wahrheit hin oder her.
"And now she's a **single mother** and you don't have any money and have to share a bicycle with your sister and wear cheap shoes and **ugly** T-shirts", fuhr Harry fort, ohne auf Davids Antwort einzugehen.
"I'll show you my Xbox 360 as soon as my Dad brings it back", sagte David so würdevoll, wie es mit zusammengebissenen Zähnen, roten Ohren und schlechten Sprachkenntnissen nur möglich war.
Harry lachte. "Yeah, I'd really like to see it. You probably built it yourself, like that **ridiculous slingshot** of yours. What did you use to build the Xbox, a **shoe box** and some **string**?"

Gossip in the Village

Am nächsten Tag wartete David im Vorgarten, bis Harry mit seinem Fahrrad in Richtung Strand verschwunden war, bevor er sich zu Fuß auf den Weg ins Dorf machte.

Auf halbem Weg zwischen dem Dorf und seinem Haus lag das Herrenhaus, hinter einigen Eichen verborgen. An der Auffahrt blieb er stehen. So nah war er noch nie herangekommen. Das Gras war hoch gewachsen und vom Wind zu Boden gedrückt. Mücken und Schwebfliegen tanzten in der Mittagshitze über den ausgedörrten Halmen. Auf der sandigen Auffahrt sonnte sich eine Eidechse zwischen den heißen Schottersteinen. David stand bewegungslos und starrte auf ihre blaugrüne, geschuppte Haut und die starren, schimmernden Augen. Raschelnd verschwand sie im Gras.

gossip Tratsch

David hob den Blick. Von dem Herrenhaus war nur wenig zu sehen, roter Backstein und grau umrandete Fenster, deren Glasscheiben matt in der Sonne glänzten. Einige Scheiben fehlten und aus irgendeinem Grund musste David an die Zahnlücken des verschwundenen Mädchens denken. Die Zeichen des Verfalls waren nicht zu übersehen: wild wucherndes Efeu, das die Eingangstür halb verdeckte, vertrocknete Rosenranken und heruntergefallene Dachschindeln. Selbst von dem Schild, das schief im Rasen an der Auffahrt steckte, blätterte der Lack ab und legte dunkle Rostflecken frei. Die Aufschrift war kaum noch zu lesen: *FOR SALE. Please contact your local* ***sales agent***.

David drehte sich um und blickte in die Richtung, aus der er gekommen war. Fünfzig Meter vom Herrenhaus entfernt lag das Haus von Harry, dahinter dann nur noch ihr eigenes Haus und die baufällige Hütte an der Klippe. Ob der Park bis ans Meer reichte? Und ob man es von den oberen Fenstern des Hauses aus sehen konnte?

David spürte plötzlich einen Stich im Nacken. Er schlug zu, und als er die Handfläche zurückzog, war sie rot von Blut. Verdammte Mücken. Er trat einen Schritt von den Pfützen im Straßengraben zurück und nahm seinen Weg wieder auf.

sales agent Verkaufsvertreter
It's about time! Es wird höchste Zeit!

Beim Bäcker im Dorf sprachen die Leute von nichts anderem als den vermissten Kindern. Der Laden war voll, das ganze Dorf schien sich um diese Zeit hier zu versammeln. David stand in der Reihe und hörte zu.

"The poor parents", murmelte die übergewichtige Frau vor ihm.

"I heard the police are offering a reward now", warf die Bäckerin ein, während sie zwei frische Scones in eine Tüte packte und das Geld kassierte. Die Frau blieb mit ihren Einkäufen stehen, niemand hier schien es eilig zu haben.

"And **it's about time!** They should have done that a long time ago", mischte sich ein junger Mann ins Ge-

spräch. "They should have the army searching for those children. Or the **SAS**, or Interpol."
"They should have offered at least 20,000 pounds if they want those children back", stimmte die Frau vor David zu.
"They'll never get them back, not for all the money in the world. Those children are gone forever."
In der plötzlich eintretenden Stille konnte David hören, wie die Hühner hinter dem Haus leise gackerten. In der Ferne fuhr ein Lastwagen vorbei. David wandte sich um.
Die Frau, die zuletzt gesprochen hatte, war uralt. Sie saß regungslos in der Ecke des Ladens, sodass David sie beim Eintreten nicht bemerkt hatte. Ihr Gesicht war von zahllosen Falten durchzogen, die es fast unmöglich machten, die ursprünglichen Gesichtszüge zu erkennen. Die tief in den Höhlen liegenden Augen waren milchig-trüb und die wenigen verbliebenen Haare ebenso weiß wie die Augenbrauen und -wimpern. Von dem schwarzen Schal, den sie sich um den Kopf geschlungen hatte, ging ein muffiger, dumpfer Geruch aus, der David an den alten Keller erinnerte, der zu der Hamburger Wohnung gehört hatte. Trotz der Sommerhitze trug sie einen langen, schwarzen Mantel.
Die Alte erhob sich schweigend und mühselig, die altersfleckigen Hände um einen Spazierstock mit silbernem Griff gekrallt. Mit schlurfenden Schritten kam sie auf David zu, packte ihn am Arm und zog ihn mit einem Ruck zu sich heran.

SAS = Special Air Service
Spezialeinheit der britischen Armee

"**Beware!**", flüsterte sie mit heiserer Stimme in sein Ohr. "They're getting closer ... and it's almost time. They need another four for their celebration. I've already seen him, out in the street. He's looking for you."

"I **haven't the faintest idea** what you are talking about", stammelte David, überrascht und angewidert zugleich. "**Let** me **go**, please." Er versuchte sich freizumachen, aber ihr Griff hatte überraschend viel Kraft. Sie hielt ihn mit der linken Hand fest, während sie mit der rechten in ihre Manteltasche griff und einen prall gefüllten Lederbeutel hervorzog. Der Geruch war scharf und sonderbar kühl, wie von frischen Kräutern oder Pfefferminzlimonade. "You've got to eat this."

> **Beware!**
> Sieh dich vor!
> **to not have the faintest idea.**
> keinen blassen Schimmer haben
> **to let sb go**
> jdn loslassen
> **remedy**
> Heilmittel

"Yes, Madam. Excuse me." Mit trockenem Mund, das Gesicht verzerrt vor Widerwillen, schaffte David es, sich aus der Umklammerung zu winden. Das musste die Alte sein, von der Lotte gesprochen hatte. Rückwärts gehend versuchte er ihr auszuweichen. Sie drängte ihn zurück bis an die Schaufensterscheibe.

"You've got to take this **remedy**!", rief die Alte und streckte ihm den Lederbeutel entgegen.

Endlich griffen die anderen Dorfbewohner ein. Jemand nahm ihr behutsam den Beutel aus der Hand und zwei andere legten ihr beschwichtigend die Hände auf den Arm. Nach der ungewohnten Anstrengung schien die Frau plötzlich so müde zu sein, dass sie sich kaum noch auf den Beinen halten konnte.

"Those children are gone … gone …", murmelte sie, während sie sich ohne Widerstand nach draußen führen ließ.
Mit einem lauten Seufzer stieß David die Luft aus und lehnte den Kopf an die Scheibe. Was hatte Lotte gesagt? Sie hätte nicht alle Tassen im Schrank? Mit keinem Wort hatte sie erwähnt, wie seltsam – na ja, gruselig – die Alte war.
"**Are you alright**, young man?", fragte die übergewichtige Frau mit einem falschen Lächeln.
"You must be young David, right?" Die Bäckerin nickte ihm zu. "From Germany?"
"Yes. Nice to meet you." David streckte wohlerzogen die Hand vor und begrüßte die Dorfbewohner im Laden, einen nach dem anderen.
"That old witch and her **premonitions** …" , murmelte ein junger Mann und schüttelte sich.
"Has she been telling her stories again?" Der Bäcker hatte, von hinten kommend, den Laden betreten und stellte ein Blech mit frischen Brotlaiben auf dem Tresen ab. "Old Mrs Archd and her horror stories", fügte er mit einem abfälligen Lachen hinzu, während er die noch heißen Brote in die Regale sortierte. "I remember when she first came here, more than thirty-seven years ago. When I was a little boy, she **frightened the hell out of** me. But, of course, nothing ever happened. Silly old cow."
"Well, there are children missing right now", warf

Are you alright?
Alles in Ordnung bei dir?

premonition
Vorahnung

to frighten the hell out of sb
jdn zu Tode erschrecken

seine Frau ein und runzelte die Augenbrauen. "It's been **splashed** all over the media."

"And most of them probably **legged it**", antwortete der Bäcker schulterzuckend. "You know how teenagers are nowadays." Er warf David einen unangenehmen Blick zu, bevor er fortfuhr: "The media are just **making** it **up**." Er nahm sein Blech und verschwand in der Backstube.

"I remember my grandmother talking about it", murmelte ein junger Mann neben David leise, sobald der Bäcker den Laden in Richtung Backstube verlassen hatte. Seine Geschichte schien ihm fast selbst peinlich zu sein. "When she was young, that's what her parents told her to **frighten** her **into** behaving. And she really believed it."

"But that must have been almost two hundred years ago", wandte die Bäckerin ein. Einige Dorfbewohner nickten.

"Exactly two hundred years ago", bestätigte die übergewichtige Frau.

"When the children **misbehaved**", erklärte die Bäckerin und alle nickten schweigend. Das Gespräch verstummte. Alle Gesichter wandten sich David zu.

David lächelte breit und zeigte dabei seine Zahnspange. So leicht ließ er sich nicht ins Bockshorn jagen.

Als er endlich aus dem Laden ins Freie trat, das noch warme Brot gegen die Brust gedrückt, hatte er noch immer den Geruch aus dem Lederbeutel in der Nase, frisch und ein wenig wie Pfefferminzlimonade.

splashed
ganz groß
to leg it
abhauen
to make sth up
etw erfinden
to frighten sb into doing sth
jdn zu etw bringen, indem man ihm/ihr Angst macht
to misbehave
sich schlecht benehmen

A Serious Attack

attack Angriff
to foresee (foresaw, foreseen) voraussehen
disaster Unglück

Wie zu erwarten kreischte Lotte vor Vergnügen. "Du hast Angst gehabt vor der Alten!"

David war irgendwie nicht nach Lachen zumute. "Lotte, sie ist gruselig. Gib's zu!"

Lotte hob die Hände und wedelte mit den Fingern durch die Luft. "I **foresee disaster**. You'll be lost forever ... Beware!"

"Das ist nicht witzig. Und sie hatte unglaublich viel Kraft. Ich hätte dich mal sehen wollen."

Lotte hob die Schultern. "Weißt du was, Tiggerchen, manchmal bist du wirklich ein unglaubliches Baby", sagte sie abfällig.

"Bin ich nicht!", fuhr David auf und ballte die Fäuste.

"Bist du wohl."

"Bin ich nicht!"

"Du hast so viel Schiss, dass du dich noch nicht mal trauen würdest, ihr Guten Tag zu sagen."

"Wetten, doch?"

Aus genau diesem Grund befand sich David nun kurz vor Einbruch der Dämmerung vor dem Haus auf der Klippe und spähte durch die Zaunlatten. Er hätte das Haus am Geruch erkannt: Fast überwältigend schwer hing die Pfefferminzwolke in der Abendluft. David schob sich näher heran. Der Geruch ging von seltsamen Blumen aus, die er noch nie gesehen hatte, in Deutschland nicht und auch nirgendwo sonst hier im

Dorf. Sie hatten blassgelbe Blütendolden und dunkelgrüne, dickfleischige Blätter, als kämen sie aus einer Gegend, in der es wenig Niederschlag gab. Was man von England ja nun wirklich nicht behaupten konnte. Der ganze Garten war voll damit, die Blüten wucherten auf alten Gemüsebeeten und in löchrigen Plastikeimern, an der Wand eines zerfallenden Schuppens und neben dem alten Brunnen in der Mitte des Hofs. Vorsichtig schlich David weiter.

Selbst im Schatten an der Nordseite des Hauses, wo der Boden kahl war und außer Moos nichts wuchs, hingen getrocknete Sträuße von der Dachrinne herab. Wahrscheinlich hatte Lotte recht und die Alte hatte wirklich nicht alle Tassen im Schrank. So wie es hier aussah, hatte sie noch nicht mal einen Schrank.

Weiter hinten im Garten fand David genau das, was er gesucht hatte: eine Wäscheleine.

"Dann bring mir einen Beweis, dass du wirklich auf ihrem Grundstück warst", hatte Lotte gesagt. "Irgendwas aus ihrem Haus – oder meinetwegen aus ihrem Garten, was es wirklich nur dort gibt. Du hast die Wette gewonnen, wenn du mir den Beweis bringst. Und versuch nicht, mich zu bescheißen. Ich sitze am Fenster und passe auf, Tiggerchen."

Der Einsatz war hoch (eine Woche Spüldienst!) und hier auf der Wäscheleine hing genau das, was er brauchte: Eine riesige lange Damenunterhose mit altmodischen kleinen Spitzenrändern an den Hosenbeinen drehte sich im Wind. Sie war vom vielen Waschen schon grau geworden, der Stoff am Hintern offenbar dünn wie Seide. David bezweifelte, dass ein derarti-

ges Wäschestück in Burnham-on-Crouch oder in ganz England noch einmal zu finden war.
Es wäre eine Sache von weniger als einer Minute: einfach an der Rückseite des Hauses über den Zaun, Unterhose von der Leine ziehen, über den Zaun zurück und nichts wie weg. Aus dem Haus hörte er eine Quizsendung, der Fernseher war so laut gestellt, dass selbst hier draußen im Garten jedes Wort zu verstehen war.
"And Stonehenge is – the right answer!", brüllte der Moderator. "That will be two hundred points for you, Mrs Hewitt." Ein ohrenbetäubendes Geräusch ließ die gelben Blüten erzittern. "Now, would you like to move on to the section Legends and Fairy Tales. Or would you **rather** answer another **history question**?"

rather lieber
history question Geschichtsfrage

Wahrscheinlich war die Alte so gut wie taub. Es war so leicht, an die Unterhose zu kommen, dass es David schon fast wieder leid tat, die Frau zu bestehlen. Grinsend huschte er um die Ecke und …
Er warf sich in letzter Sekunde nach hinten, als der Boden unter seinen Füßen wegbrach. Große Sandklumpen lösten sich und rutschten ab, er konnte das hässliche Geräusch hören, mit dem sie fast vierzig Meter weiter unten auf den schmalen Strand klatschten. Das Haus auf der Klippe, wirklich. David kroch mit heftig schlagendem Herzen auf allen vieren rückwärts. Ein offenbar völlig wahnsinniger Baumeister hatte das Haus nicht nur auf, sondern direkt in die Klippe gebaut. An den Stellen, an denen der Sand weggebrochen war, hing der Zaun in der Luft. Und erst jetzt

merkte David, dass der Zaun an den Seiten dicht mit Brombeersträuchern und Brennnesseln bewachsen war. Von hinten würde er niemals an das Haus herankommen. Nicht mal eine Katze wäre in der Lage, diesen Hinterhof von außen zu betreten.

Noch immer flatterte die Unterhose einladend im Wind. David biss die Zähne zusammen, er dachte nicht daran aufzugeben. Mit angehaltenem Atem schlich er zurück zum Vordereingang, fasste durch den Zaun und schob den Riegel der Gartentür auf. Dicht an den Boden gepresst kroch David hindurch und zog die Tür hinter sich zu. Dann rannte er die wenigen Schritte bis zur Hauswand und duckte sich gegen die Mauer. Die Alte musste nur ihre Hand aus dem Küchenfenster strecken, um ihn berühren zu können. Aber immerhin konnte sie ihn hier vom Fenster aus nicht sehen. Und hören schon gar nicht.

famous
berühmt
to bury
begraben
to perform
aufführen
worldwide
weltweit

"Mrs Hewitt, we are looking for a **famous** writer, born April 23, 1564. This writer died at the age of 52 and **was buried** in Stratford-upon-Avon", brüllte der Moderator. "His plays have been translated and **performed worldwide**. Do you want to answer the question? We are looking for ..."

"Shakespeare!", schrie die Kandidatin aufgeregt. "William Shakespeare!"

"And that is another two hundred points for you, Mrs Hewitt!"

David hatte die Hausecke erreicht, als eine plötzliche

Bewegung ihn auffahren ließ. Aus dem Brombeergebüsch schob sich ein Kopf. Ein lang gestrecktes Katzengesicht mit riesigen Augen und zitternden Schnurrhaaren. Die großen schwarzen und weißen Flecken schimmerten im Halbdunkel wie die Augenhöhlen eines Totenkopfs, der lange, schwarz-weiß geringelte Schwanz peitschte über den Boden und ein übler Geruch ging von ihr aus. Ihr Fauchen ging im Gebrüll des Fernsehers unter. David griff nach einem großen Kieselstein und warf ihn in ihre Richtung, um sie zu verscheuchen. Irgendetwas an ihren goldenen Augen gefiel ihm nicht. Mit einem letzten Fauchen verschwand die Katze im hohen Gras.

Davids Gesicht war nass von Schweiß, die Mücken umtanzten ihn in einer dichten Wolke. Erst jetzt spürte er, dass er sich bei seinem Sturz an der Klippe die Hände aufgerissen hatte, die Handflächen waren rot und aufgeschürft. Kleine Steinchen klebten in der Wunde. David wischte sie beiseite und stand auf. Das Ganze war nicht mehr witzig. Er lief hinters Haus, riss die Unterhose von der Leine und stopfte sie sich mit zitternden Fingern in die hintere Hosentasche. Die leere Wäscheleine gab den Blick auf den Schuppen frei.

Und dort, auf einen Pfahl gespießt, stand etwas … etwas Weißes … etwas Unglaubliches …

Mit zusammengebissenen Zähnen taumelte David zurück, als er plötzlich einen heftigen Schlag im Rücken spürte. Der Angriff kam so unerwartet, dass David stolperte. Instinktiv rollte er sich auf dem Boden zu einer Kugel zusammen, noch bevor er richtig begriffen hatte, was geschah. Dann hörte er dicht neben seinem Kopf ein Fauchen und spürte die Schnurrhaare auf der Wange. Er blinzelte durch die Finger, die er vors Gesicht geschlagen hatte, und blickte in das fauchende Gebiss einer Katze. Krallen gruben sich in seinen Handrücken, Zähne in sein Hosenbein, eine zweite Katze landete in seinem Nacken. Weitere Katzen sprangen vom Fensterbrett und schlossen sich ihren Artgenossen an, es waren mindestens fünf, kratzend, fauchend, mit ausgefahrenen Krallen und kleinen spitzen Zähnen. Als hätten sie sich abgesprochen, gingen die Tiere mit mörderischer Angriffslust auf ihn los. David sprang auf und versuchte, eine Katze von seinem Rücken zu werfen, ohne sie ernsthaft zu verletzen. Er taumelte auf die Gartentür zu. Ein Tier lief zwischen seine Beine, ließ ihn stolpern und brachte ihn zu Fall. In David stieg die Angst hoch. Die Krallen bohrten sich in seine Hand, und als er sich schreien hörte, bemerkte er plötzlich die Stille, die die Szene umgab. Der Fernseher im Haus war verstummt.

Schleifende Schritte näherten sich im Flur. Mit einem leisen Knirschen öffnete sich die Tür. Die Alte spähte heraus und erblickte ... Lotte.

Lotte, die mit flatternden Haaren und heftig winkend auf sie zugeradelt kam. Lotte auf einem rosaroten Fahrrad mit Little-Miss-Kitty-Aufkebern, kornblumenblauen Augen und einem Lächeln wie auf einer Kitschpostkarte. Die Alte wandte den Kopf.

"Hello, Mrs Archd! I'm **glad** I **ran into** you", rief Lotte fröhlich, als das Fahrrad

glad froh
to run into sb jdn zufällig treffen

in einer Staubwolke zum Stehen kam. Ihre Stimme klang ein wenig atemlos. In der Hand schwenkte Lotte einen zerdrückten Blumenstrauß.

Die Katzen ließen von David ab und verschwanden im hohen Gras.

"And who are you, little lady, if I might ask?", fragte Mrs Archd misstrauisch blinzelnd. Sie schien nicht nur fast taub, sondern auch ein wenig kurzsichtig zu sein. Über ihrem rosa-weiß gemusterten Nachthemd trug sie einen alten Herrenmorgenmantel, dessen Ärmel an den Kanten so abgeschabt waren, dass die Fäden hervorstanden. Um ihre Beine strichen miauend sechs Katzen mit langen, gestreiften Schwänzen. Mrs Archds Füße steckten in großen Hausschuhen mit Leopardenmuster.

to make sb's acquaintance
jdn kennenlernen

Lottes Schultern bebten vor unterdrücktem Lachen. "I am – we are your new neighbours, Mrs Archd", sagte sie betont fröhlich. "My name is Lotte. Lotte Brix. My mother sent me to **make** your **acquaintance** and give you some flowers. I'm sorry my brother can't be here today."

Mit der linken Hand, von den Blumen verdeckt, winkte sie David heftig zu: Mach, dass du hier rauskommst, Tiggerchen.

Die Alte betrachtete die Blumen skeptisch. An ihren Stielen hingen noch Erdklumpen, Lotte hatte sie offensichtlich hastig aus dem Vorgarten gerissen.

"We always do that in Germany", plapperte Lotte weiter. "It's an old German tradition."

David kam auf die Füße, schob sich vorsichtig um die

Hausecke und rannte dann ungesehen zum Zaun. Die Katzen verfolgten seine Flucht mit schief gelegten Köpfen und einem starren Blick in ihren goldenen Augen, aber sie wichen nicht von Mrs Archds Seite. Mrs Archd nahm den Blumenstrauß entgegen. "You shouldn't **be roaming about** on your own, Miss", murmelte sie leise. "You should never be out at night. Not here in this village."

to roam about herumstreifen
cocoa Kakao
weather forecast Wetterbericht
to predict ankündigen
severe heftig

David hatte den Zaun erreicht und warf sich ohne Rücksicht auf Verluste darüber. Er schlug sich das Knie an. Sein Hemd verfing sich an einer Latte und riss. Dann stürzte er kopfüber in die Brennnesseln. Egal. Er war in Sicherheit.

Lotte trat, über das ganze Gesicht grinsend, den Rückweg an.

"Well, Madam, I have to go now. As you said, it is almost dark already. Nice to meet you."

"Wait!" Die Alte machte ein paar Schritte aus dem Haus und hinkte über den Gartenweg auf Lotte zu. Ihre Hand schoss vor und griff nach Lottes Handgelenk. "Would you like to come in for a cup of **cocoa** and a biscuit?"

Lotte wurde bleich. Das Grinsen war ihr vergangen. "I've really got to go now." Vergeblich versuchte sie, ihren Arm zurückzuziehen. "It looks like rain. The **weather forecast predicted** a **severe** thunderstorm for tonight."

Die Alte kicherte leise und ließ Lottes Hand so plötzlich los, als hätte sie ihre Anwesenheit völlig vergessen. "**Thunder** is good", murmelte sie, "thunder is very good. They don't like to **be around** in a storm, do they, my little angel?" Noch immer kichernd hob sie eine der Katzen auf, drückte sie an ihr übelriechendes Nachthemd, zog sich ins Haus zurück und schlug die Tür hinter sich zu.

thunder Donner
to be around in der Nähe sein

Erst auf dem Rückweg bemerkte David, dass er bei seiner Flucht über den Zaun die Unterhose der Alten verloren hatte.

"So ein Pech aber auch", sagte Lotte.

The Skull

"Oh, I thought it was Lotte's turn to do the dishes", sagte die Mutter erstaunt, als sie David am Spülbecken stehen sah.
David knirschte mit den Zähnen und ließ seine zerkratzten Hände tiefer ins Seifenwasser gleiten.
"Tiggerchen hat versprochen, mir diese Woche beim Spülen zu helfen", sagte Lotte grinsend. Sie saß auf dem Fensterbrett in der Sonne, las einen von Davids Comics und biss in einen Apfel.

skull Schädel
to come along mitkommen
lousy mies

Die Mutter fuhr David mit den Fingern durch die Haare (was er hasste) und hauchte ihm einen Kuss auf die Wange (was nicht viel besser war). "That's really nice", sagte sie. "By the way, I'm going into Chelmsford today. Would you like to **come along**?" Sie hatte ihre Haare hochgesteckt und trug statt des farbbespritzten Overalls ein bunt gemustertes Sommerkleid. So sah sie fast normal aus. Außerdem war sie außerordentlich gut gelaunt.
Lotte warf den Apfelrest in den Garten und sprang vom Fensterbrett. Ohne ein Wort rannte sie die Treppe hoch, um sich umzuziehen. Die Mutter sah David fragend an.
"Nö", murmelte er.
"Is there anything you'd like me to get you?", fragte sie freundlich.
"Eine Xbox 360 mit sieben Spielen", sagte er bitter.
"**Lousy** mood today?" Noch einmal versuchte sie, ihm durchs Haar zu streichen, er zog seinen Kopf gerade

noch rechtzeitig zur Seite. "I'll leave you some money for a treat. And while you're in the village, you can **pick up** some pizza and milk as well. And don't forget to write your diary!"

to pick up sth
etw holen

Als David eine Stunde später vor seinem Tagebuch saß, kam ihm zum ersten Mal der Gedanke, dass es vielleicht wirklich eine gute Idee sein könnte, Notizen zu machen. Nur für den Fall, dass er irgendwann nicht mehr in der Lage sein würde zu erzählen.

Das Haus lag ganz still da, zum ersten Mal seit Tagen ohne den Lärm von Renovierungsarbeiten, Telefongeklingel oder einem Radio. Es war so ruhig, dass David das Meer rauschen hören konnte. Oder war es der Wind in den Bäumen? Das Wetter war umgeschlagen, es sah nach Regen aus. Im Westen, über dem Meer, ballten sich die Wolken zu kilometerhohen schwarzen Türmen zusammen und es blies ein kalter Wind. David stand auf, um das Fenster zu schließen. Von seinem Zimmer im ersten Stock aus konnte er, wenn er den Kopf weit nach rechts drehte, das Haus an der Klippe sehen. Hier hatte Lotte gestern gestanden, mit Opas altem Fernrohr, und gesehen, wie die Katzen ihren Kreis um ihn enger zogen.

Was hinter dem Haus war, dieses schreckliche weiße Ding auf dem Zaunpfahl neben dem Brunnen, hatte sie nicht gesehen.

Er setzte sich wieder an den Schreibtisch und schlug eine neue Seite im Tagebuch auf.

The white thing in the back garden. It was a skull.

I don't think – I don't want to think – it was a **human** *skull. It looked human, with a high* **forehead**, *and two big* **eye-holes** *under the eyebrows (the bones, I mean. There was no hair left). As big as the skull of a ten-year-old child. It's the most* **horrible** *thing I've seen in my life. But something about the teeth was wrong.*

David schloss die Augen und versuchte, sich an das Ding zu erinnern, das er im Garten der Alten gesehen hatte. Er fröstelte, und das lag nicht nur an dem Wind, der stärker und stärker gegen die Fensterscheiben drückte. Ein zierlicher grau-blauer Schädel, ein wenig zu lang gestreckt für einen Menschen, mit irgendwie zu großen Augen und einem weit ausladenden Hinterkopf. Aber die Zähne …

The teeth were very thin and **spiky**, *like a row of white* **toothpicks** *or* **needles**. *The whole thing looked as if it was* **straight** *out of a* **horror movie**. *Like a baby* **alien**.

But it was more than just the skull. There were other **remains** *of a* **skeleton**, *I'm sure. The* **ribcage** *was still* **there**, *and one arm. It was wet and dirty, but it had worn clothes once. You could see the* **ribs sticking out**.

human menschlich
forehead Stirn
eyehole Augenhöhle
horrible schrecklich
spiky spitz
toothpick Zahnstocher
needle Nadel
straight direkt
horror movie Gruselfilm
alien Außerirdischer
remains Überreste
skeleton Skelett
ribcage Brustkorb
rib Rippe
to stick out hervorstechen

Vielleicht war es ein Wolpertinger, eines dieser ausgestopften Tiere, mit denen seine Oma in Bayern ihn früher immer erschreckt hatte: eine Mischung aus

Hase und Huhn mit dem Geweih eines Rehbocks, oder ein Wildschwein mit Katzenohren.
Vielleicht war es ja einfach ein alter englischer Brauch, irgendetwas in den Garten zu stellen. Gartenzwerge, Buddhas, Windspiele, Skelette. Und jetzt?
I didn't tell Lotte. She's been calling me "Tiggerchen" all morning. What would she do if I told her I'd seen a skeleton in the back yard? She would ***roll around on the floor laughing****. And I would still be washing the dishes.*
I didn't tell Mum. She's too busy. And besides, if I told her that I saw a skull in a neighbour's garden, she'd ask me ***what on earth*** *I was doing there. And then she'd tell me that if I'm having* ***nightmares*** *I should watch less TV.*
I didn't tell Dad on the phone, either. He would have told Mum, and, ***one way or the other*** *it would mean no TV. But when he's here next weekend, maybe we can take a walk and I'll show him. I miss my Dad.*
David ließ den Stift sinken und überlegte eine Minute. Dann nahm er sein Lineal, legte es an und riss die Seite behutsam aus dem Notizbuch, um sie dann hinten unter den Umschlag zu schieben. Besser, wenn Mama das nicht las.
Dann schob er das Tagebuch in seine Schreibtischschublade. Es war Zeit für ein Eis.

to roll around on the floor laughing
sich vor Lachen auf dem Boden wälzen

what on earth
was in aller Welt

nightmare
Albtraum

one way or the other
so oder so

Zaid

"Look who's here. The **blithering idiot** I told you about."

In der Sekunde, in der David Harrys Stimme hörte, wünschte er, er hätte das Haus nicht verlassen, Hitze und Eiskrem hin oder her.

blithering idiot Vollidiot
git Blödmann
posh vornehm

"The German **git**?", fragte eine zweite Stimme. Dann folgte lautes Gelächter.

Harry hing mit zwei Freunden am Gartenzaun herum und grinste über das ganze feiste Gesicht. Es war ein fieses Grinsen, ein hinterhältiges Drei-gegen-einen-Grinsen, das nichts Gutes verhieß. Der Dicke und der Rothaarige neben ihm grinsten auch.

"Hello", sagte David, senkte den Blick und beschleunigte seine Schritte. Er wollte keinen Ärger. Die drei Gesichter verschwanden. Er lief schneller. Als er um die Hecke bog, versperrten ihm ihre BMX-Räder den Weg.

"Hey. Hey, we're talking to you." Harrys Stimme hatte noch immer den gleichen leiernden, hohen Tonfall. Trotzdem war der bösartige Unterton nicht zu überhören.

"Maybe he's too **posh** to talk to us", vermutete der Rothaarige.

"Maybe he's too stupid to understand us", hielt der Dicke dagegen.

Harry übernahm das Wort. "Hey, idiot, do you speak English?"

"Yeah, do you know what a **prat** is?" Seine Freunde kicherten.
"Very funny", brachte David hervor. Er versuchte, sich zwischen den Fahrrädern hindurchzuwinden. Harry legte ihm eine Hand auf die Brust und brachte ihn zum Stehen.
"Where did you leave your pretty bike, prat? My friends would like to see it."
David schob die Hand von seiner Brust und bog sie zur Seite. "Don't call me prat."
"Don't call me prat!" Harry brüllte vor Lachen. "Don't call me prat, prat. Why, what are you going to do about it?"

Mit brennenden Ohren schob David sich an ihm vorbei. "Herrje, wie einfallsreich", murmelte er. Leider fiel ihm die englische Übersetzung nicht ein.
"Look, his ears are all red", kicherte der Dicke.
"**Ninny**!", schrie der Rothaarige. "**Blockhead**! **Dork**!"
Ein Arm griff nach Davids Jacke. Er blieb stehen und biss die Zähne zusammen. Dann fuhr er herum und knallte seine Faust direkt auf Harrys Nase.

prat Trottel
ninny Hohlkopf
blockhead Dumpfbacke
dork Schwachkopf

Eine halbe Stunde später saß David hinter einem Busch und zielte mit der Steinschleuder sorgfältig auf Harrys Kopf. Das Gummi unter seinen Fingern vibrierte leicht, als er den dicken Kieselstein nach hinten bis zum Anschlag durchzog.
Dann ließ er die Schleuder aufseufzend sinken. Er hatte seinem Vater versprochen, mit seinem größten

Indianerehrenwort, nie, niemals auf Menschen zu schießen. Dabei wäre das jetzt wirklich zu schön gewesen.
Er steckte die Schleuder zurück in seinen Gürtel und rieb sich die Arme. Allmählich wurde ihm kalt. Ein letztes Mal zog er sein Handy aus der Tasche. Kein Netz. Und nichts zu trinken weit und breit. David zog sein T-Shirt enger um die Brust und stand auf. Wenn er den Idioten nicht in die Arme laufen wollte, würde es ein langer Weg nach Hause werden.
Er vergrub seine Hände in den Hosentaschen und trottete bis zum Strand. Dann lief er am Wasser entlang zurück, um sich dem Haus von unten zu nähern. Er stieg über algenbewachsene Steine und Treibholz, das von Salz und Sonne gebleicht war. Das Meer war aufgewühlt und roch stark nach Fisch und Algen. Der Wind zerrte an seinen Haaren.
Als er sicher war, das Haus von Mrs Archd hinter sich gelassen zu haben – er hatte keine Lust, noch einmal in ihrem Garten zu landen –, holte David tief Luft und sah nach oben. Hier war die Klippe nicht ganz so steil wie unter dem Haus der Alten. Er wischte seine Hände an den Hosenbeinen ab und begann zu klettern.
Der Aufstieg war leichter, als er gedacht hatte. Einzelne Büsche und herausstehende Wurzeln boten Händen und Füßen Halt. Trotzdem klebte ihm das T-Shirt schweißnass am Rücken, als er sich über die Kante zog und über das Gras rollen ließ.
Er stellte sich vor, wie Harry und seine Freunde noch immer in einem Graben saßen, von Steckmücken umschwärmt, und in die falsche Richtung starrten.

Er stand auf und klopfte sich den Sand von der Hose, bevor er sich auf den Rückweg machte. Vor ihm lag eine weite Rasenfläche, die er noch nie gesehen hatte. Alte Bäume warfen großzügigen Schatten über die trockene Erde. Die Wolken hinter ihm waren tiefschwarz, in der Ferne hörte er weit entferntes Donnergrollen. Der Wind zerrte an seinen Kleidern und fegte Blütenblätter fast waagrecht über den Boden, bevor er plötzlich erstarb. In der Wolkenwand hinter ihm, weit draußen auf dem Meer, zuckten die ersten Blitze.
David hatte keine Angst vor Gewitter, aber es wurde Zeit, dass er nach Hause kam. Was sich hinter ihm zusammenbraute, war gewaltig. Die Luft um ihn herum schien elektrisch geladen zu sein. Er drängte sich durch einige Büsche und stand plötzlich am Rand eines alten Swimmingpools. Blätter bedeckten den hinteren Teil des Bodens. Vom Wasser war nichts als eine schlammgrüne Pfütze geblieben, vereinzelte Seeanemonen schwammen gelb und fleischig auf dem sich leicht kräuselnden Wasser. Das Sprungbrett ragte sinnlos ins Leere und an den Wänden zerbröckelten türkisfarbene Kacheln. Aber es war ein schönes Schwimmbecken gewesen, ein richtiges altes Bad, nicht einer dieser kleinen Metallpools mit Gegenstromanlage, mit dem Harry angegeben hatte. Wie in einem richtigen Schwimmbad hing an der Seite des Sprungbretts ein rostiges Schild mit Baderegeln:

to obey rules
sich an die Regeln halten

Always ***obey*** *pool* ***rules****.*

Walk slowly in the pool area. Don't run.

Don't ***push*** *or jump on others. You could* ***accidentally*** *hurt someone or yourself.*
Take a shower before swimming.
Don't jump from the side. Never jump ***head first*** *into the water.*

David schloss die Augen und stellte sich vor, wie es hier noch vor Jahren ausgesehen haben musste. Er sah sich über das Sprungbrett laufen und konnte dieses unverwechselbare Vibrieren durch den ganzen Körper spüren, verheißungsvoll und spannend zugleich. Er fühlte, wie das Wasser an seinen Beinen entlanglief, und spürte das raue Brett unter seinen Füßen. Rechts von sich meinte er das leise Ploppen zu hören, mit dem ein Tennisball auf den Schläger traf, und dann ein heftiges Ausatmen, als der Ball mit voller Kraft zurückgeschlagen wurde. Hinter ihm klirrten Gläser ...

to push
schubsen
accidentally
versehentlich
head first
mit dem Kopf voraus
to end up
gelangen
manor
Herrenhaus

David fuhr zusammen. Blätter tanzten über den Boden, die Anemonen lagen noch immer gelb und unbewegt im schlammigen Wasser. Aber für einen Augenblick hätte er schwören können, dass die Geräusche echt waren. Er blickte an seinen Hosenbeinen herunter. Sie waren trocken, trotzdem fühlte er die Gänsehaut unter dem Stoff. Eine Gänsehaut von nackten, nassen Beinen auf dem Sprungbrett ... Gelächter tanzte durch die Luft und leise Musik, als würde durch die geöffneten Fenster im Erdgeschoss ...

I ***ended up*** *in the park of the old* ***manor****"*, schrieb David später in sein Tagebuch. *I'd never been there* *before, although it's quite close to our home. It was* **eerie**. *The windows on the* **ground floor** *were* **boarded up**. *On the first floor, the glass was* **obscured** *with* **scratches** *and* **dust**. *They looked like eyes, watching me.*

Behind the pool there was an old **tennis court**, *just the way I had imagined it. A* **thunderbolt lit up** *the sky. I* **swear** *I could hear the sound of the tennis balls being hit,* **shrill laughter**, *and the* **clinking** *of glasses. And thunder. The* **gale** *was getting closer.*

Right at the entrance, there was a statue of a young boy **squatting** *on the steps. He looked* **incredibly** *real.*

David ließ den Kugelschreiber sinken und biss sich auf die Lippen, als er sich an die Szene erinnerte. Noch zwei Schritte, und er würde ihn berühren können, als wäre er echt …

In diesem Augenblick schlug der Junge die Augen auf. David wäre um ein Haar gefallen, in letzter Sekunde hielt er sich an einem der Löwen fest.

"Uupps … sorry", murmelte er. "I didn't want … I mean, I didn't know there was anybody living here – I didn't **mean to intrude**."

Der Junge blickte ihn an, als wäre er gerade erwacht. "Hello", sagte er leise, und seine Augen sahen dabei unsagbar traurig aus.

eerie schaurig
ground floor Erdgeschoss
boarded up mit Brettern vernagelt
obscured *hier:* blind
scratch Kratzer
dust Staub
tennis court Tennisplatz
thunderbolt Blitzschlag
to light (lit, lit) sth up etw beleuchten
to swear (swore, sworn) schwören
shrill schrill
laughter Gelächter
clinking Klirren
gale Sturm
to squat hocken
incredibly unglaublich
to mean to do sth die Absicht haben, etw zu tun
to intrude stören

"I'm sorry", wiederholte David noch einmal. "I didn't mean to **burst in** or anything. I just climbed up the cliff, and ended up in your **back yard by chance**. There was no fence, nothing. I didn't know ..."

Der Junge lächelte traurig. "Don't worry. You're welcome. Any time, **whenever** you want to come." Seine Augen schienen in die Ferne zu gleiten. "It's too late, anyway ...", murmelte er und schwieg. Es schien, als hätte er David vergessen.

*The boy was **approximately** Lotte's age. A bit taller and older than me, with a **skinny** body, dark, incredibly beautiful eyes, and long **eyelashes**. He looked foreign – Indian perhaps – with light brown skin, but he was **pale**, with dark **shadows** under his eyes. As if he had not been out in the sun for a long time. It was the most beautiful face I've ever seen. His name is Zaid y Somon el Hadsch-Harr'chd. He was nice, but very strange.*

*We didn't have a lot of time to talk. His **reply** was interrupted by the sound of thunder. The gale **broke** at last. But maybe some other time. I **invited** him **over**. Zaid will **make a nice change** from Harry and those prats he **hangs around with**.*

Riesige Tropfen waren zu Davids Füßen auf den Boden geklatscht.

"I**'ve got to run"**, hatte er noch gerufen,

to burst (burst, burst) in hereinplatzen
back yard Hinterhof
by chance durch Zufall
whenever sooft
approximately ungefähr
skinny mager
eyelashes Augenwimpern
pale blass
shadow Schatten
reply Antwort
to break *hier:* losbrechen
to invite sb over jdn zu sich einladen
to make a nice change eine schöne Abwechslung sein
to hang around with sb mit jdm herumziehen
to have got to run sich beeilen müssen

"otherwise I'll get all wet. But it was nice to meet you, Zaid."

"David?", rief ihm Zaid zu. "If you want to **get out of** the park, there's a hole in the fence, behind the wall in the left corner. No need to climb the fence."

David grinste erleichtert. Er winkte. "We're living in that little cottage over there. If you want to visit us – I'd be glad to see you. **Any time!**" Der Wind war jetzt so stark, dass David die letzten Worte schreien musste. "Can you hear me? You can visit us any time!"

Dann drehte er sich um und rannte durch den Park zu dem Loch im Zaun, während der Regen heftiger wurde. Er sah nicht, wie Zaid die Hand ein letztes Mal zum Gruß hob. Seine Augen waren dunkel und traurig.

to get out of sth aus etw herauskommen
Any time! Jederzeit!
sneakers Turnschuhe
rotten beschissen
wretched elend
exception Ausnahme

Dad arrived from London a few minutes ago. I'm very glad to see him – but guess what? He forgot the Xbox again.

Mum and Lotte came back from their shopping trip half an hour ago. Lotte's got a new dress and a pair of ***sneakers*** *– Nike sneakers*, schrieb David mit vor Wut verkrampfter Hand. *So Lotte gets a new outfit, I get a Simpsons sticker album (without the stickers, of course). I told everybody I had a headache, and went to my room. What a lousy,* ***rotten***, ***wretched*** *day this was. With the* ***exception*** *of Zaid, of course. He was really nice. I wonder if he'll visit me some day?*

The Thunderstorm

Der Sturm, der nach den ersten Schauern am späten Nachmittag nachgelassen hatte, gewann im Lauf des Abends wieder an Kraft. Der Wind drückte den Regen fast waagrecht gegen die Fensterscheiben. Davids Mutter rannte fluchend durch Haus und Garten, um ihre Werkzeuge einzusammeln und unfertige Arbeiten am Hauseingang und auf der Terrasse mit Plastikplanen abzudecken. Lotte verteilte Töpfe an den Stellen, an denen es in ihr Zimmer regnete. Davids Vater kletterte bei starkem Wind auf das Dach, um Stellen abzudichten, durch die das Wasser eindrang, während David im Sturm die Leiter hielt.

drizzle Sprühregen
decent ordentlich

"I thought English rain was nothing but **drizzle**!", schrie Davids Vater seiner Frau zu. "If I'd known they get storms like this here, I'd have looked for a cottage with a **decent** roof!"

David fand das Wetter wunderbar. Es war, als sei das Haus lebendig geworden. Im Dachstuhl pfiff der Wind, ein loser Fensterladen krachte gegen die Wand, die Treppe ächzte und knarrte und aus dem Nebenraum hörte er ein leises, regelmäßiges Tropfen. Am Abend zog er die Decke über die Ohren, kuschelte sich ein und fühlte sich geborgen.

Als er erwachte, war das Klappern des Fensterladens zu einem Dröhnen geworden. David rollte sich herum, um nach dem vertrauten Blinken seines altmodischen Radioweckers zu sehen. Um ihn herum war nichts als tiefes Schwarz. Er tastete nach dem Lichtschalter und knipste die Lampe an. Nichts. Der Strom musste ausgefallen sein. Das Haus schien jetzt unter schweren Schlägen zu erzittern. Nach kurzem Zögern kroch David aus dem Bett.

Durch das Buntglasfenster im Treppenhaus drang kaum Licht, als er sich auf der Treppe nach unten tastete. Noch immer erfüllte das Dröhnen das ganze Haus, es schien ein Eigenleben entwickelt zu haben.

"Da ist jemand draußen", flüsterte Lotte dicht hinter ihm, und David erschrak so sehr, dass er fast den Rest der Treppe hinuntergefallen wäre.

"Unsinn", murmelte er schnell. "Du bist ja hysterisch. Wegen dem bisschen Gewitter."

"Hör doch mal. Das hat nichts mit dem Wind zu tun", flüsterte Lotte.

Und wirklich: Die Schläge an der Tür schienen einem anderen Rhythmus zu folgen als das Klappern der Fensterläden. David wich zurück. Ein eiskalter Schauer lief ihm den Rücken hinunter. Entsetzt fuhr er herum und hob den Kopf.

"So ein Quatsch!" Seine Stimme klang mutiger, als er sich fühlte. Im Dunkeln tastete er sich die letzten Stufen hinunter zur Tür.

"Warte!" Lotte hielt ihn am Arm zurück. "In der Küchenschublade muss noch eine Taschenlampe sein."

Eine Minute später zog David den Riegel zurück. Draußen tobte der Sturm und riss ihm die Tür aus den Händen.

Der Schein der Taschenlampe fiel auf Zaids bleiches, tropfnasses, fiebriges Gesicht. Er stolperte nach vorn und brach in Davids Armen zusammen.

"Amina", murmelte Zaid, während er sich im Schein eines Teelichts auf dem Sofa hin- und herwarf. Es war das erste Wort, das sie verstehen konnten. Hin und wieder zuckte er, als würde er von etwas Unsichtbarem angezogen, seine Hände krallten sich in die Lehne des Sofas. Es sah aus wie ein Kampf.

Lotte beugte sich tiefer über ihn. "Can you say that again?", flüsterte sie. Er blickte sie an und für eine Sekunde wurden seine Augen klar.

"Couldn't reach her ... they must **have put a spell on** her house." Zaids Atem kam flach und keuchend, die Lippen waren so trocken, dass die Worte förmlich an seinen Lippen festzukleben schienen. Trotzdem glänzte sein Gesicht nass von Schweiß.

Mum ***is a light sleeper****,* schrieb David am nächsten Tag in sein Tagebuch. ***Typically****, she should* ***have been up and about****.* ***Certainly****, in this storm, Dad should have been outside in the rain, dressed in nothing but a rain coat and his pyjamas,* ***fixing shutters*** *and* ***rattling pipes****. But I heard nothing. Apart from Dad's* **snoring***, the room was horribly quiet.*

I ***switched on*** *the light. They* ***were asleep****,* ***fast asleep****, with a* ***blissful*** *(and stupid) smile on their* ***lips****.*

to put a spell on sth etw verzaubern
to be a light sleeper einen leichten Schlaf haben
typically normalerweise
to be up and about auf den Beinen sein
certainly sicherlich
to fix befestigen
shutter Fensterladen
rattling klappernd
pipe Rohr
snoring Schnarchen
to switch on anschalten
to be asleep schlafen
to be fast asleep tief schlafen
blissful selig
lip Lippe

*If they had not looked that happy, I would **have been scared stiff**. I shook them.* Pushed *them. Screamed in their ears. They **kept on** snoring. It was **utterly hopeless** – and Zaid's **fever was rising**. Even Lotte was worried. She was sitting on the sofa, his head in her **lap**, **drenching** his forehead in cold water from a **kitchen sponge**. (I don't think you are supposed to use a kitchen sponge, but Lotte looked like a nurse in some old movie about **World War I.**) **Tender** and worried. And Zaid's **behaviour** was scary as hell.*

Zaids Arme fuhren durch die Luft, als wollte er etwas abwehren, was nur er allein sehen konnte. "Take the monkeys away!"
Lotte blickte David mit großen Augen an und schüttelte den Kopf.
"Monkeys?", fragte David verwirrt.
"Er fantasiert."
"**Get out of my hair!** I told you I don't want to dance any more. I'm tired", stammelte Zaid. Er sah aus, als würde er jeden Moment vor Erschöpfung sterben. Mit müden Bewegungen schlug er um sich. Lotte nahm seine Hände und drückte ihn sanft aufs Sofa zurück.
"My sister will know what to do – and the cats will help. I couldn't reach her. This **spell** – it was like a wall. **Burning hot**. So hot."

to be scared stiff vor Angst erstarren
to keep on doing sth nicht aufhören etw zu tun
utterly völlig
hopeless hoffnungslos
fever Fieber
to rise (rose, risen) steigen
lap Schoß
to drench nass machen
kitchen sponge Küchenschwamm
World War I Erster Weltkrieg
tender zart
behaviour Verhalten
Get out of my hair! Lass mich in Ruhe!
spell Zauber
burning hot brennend heiß

"Er redet kompletten Unsinn", flüsterte Lotte. "Aber schau mal. Hier." Sie hob seine linke Hand und drehte sie um, sodass David die Handfläche sehen konnte. Sie war rot und über und über mit Brandblasen bedeckt. "Er muss sich irgendwo verbrannt haben."

"Vielleicht war es ein Blitz", meinte David, seine Schwester verdrehte schweigend die Augen.

"Get Ama, please … you are in danger … Ama …", murmelte Zaid. Sein Kopf kippte zur Seite, er schien das Bewusstsein verloren zu haben.

"Was ist mit dem Telefon?", fragte David.

Lotte schüttelte den Kopf. "Noch immer tot."

"Glaubst du, dass ich es bis ins Dorf schaffe, um Hilfe zu holen?", fragte David, seine Stimme klang dünner und ängstlicher als geplant. Zu seiner großen Erleichterung schüttelte Lotte den Kopf.

"… got to see her." Zaid richtete sich taumelnd auf, so plötzlich, dass Lotte fast vom Sofa gefallen wäre. "We are preparing the celebration", sagte Zaid, die Stimme war plötzlich klar und so laut, dass sie den Sturm übertönte. "It is his anniversary again. The monkeys **are getting ready** to hold the festival. We **are snatching** children again – **I can't help it**. I can't!"

Für einen kurzen Augenblick schien er zu sich zu kommen. Er blickte Lotte verwirrt an, als könne er sich nicht erklären, wie er hierhergekommen war. Dann zog er ein Tuch aus der Tasche, drückte es ihr in die Hand und hielt ihre beiden Hände fest. Sie blickte erwartungsvoll zu ihm auf.

to get ready
sich vorbereiten

to snatch
abgreifen

I can't help it.
Ich kann nicht anders.

"They are collecting children", sagte er, ruhig und deutlich. "Take this. Find Amina. She'll help ..." Sein Kopf zuckte wie in einem Krampf zurück, und er brach in ihren Armen zusammen.

"**By gosh**, it wouldn't hurt you to tidy up the room, if you have to eat pizza in the living room", sagte seine Mutter, als David die Augen aufschlug. "What on earth did you do last night?" Sie schien glänzender Laune zu sein. Vorsichtig richtete David sich aus dem Sessel auf, in dem er eingeschlafen war. Sonnenlicht strömte durch die offenen Fenster. Aus der Küche ertönte das Klappern von Töpfen und Geschirr und das unverwechselbare Zischen von Spiegelei in der Pfanne. Sein Vater sang laut und falsch "I don't know about history ..." und Lotte blinzelte verschlafen durchs Zimmer.

By gosh!
Mensch!

Die Wolldecke lag zusammengeknüllt auf dem Parkett, das Sofa war leer. Von Zaid keine Spur.
"Hey, what's that? Is that yours?", fragte Davids Mutter und hielt ein Tuch in die Höhe, das David irgendwie bekannt vorkam. Aber bevor er etwas sagen konnte, sprang Lotte auf und riss es an sich. Es war ein wirklich hässlicher rosa Schal, den Zaid gebracht hatte, mit kleinen, wolligen Schäfchen, aber sie drückte ihn an sich, als sei er eine Kostbarkeit. David legte den Kopf schief. Dann begann er zu grinsen.
Moment mal. Wurde Lotte etwa rot?

Mint Biscuits and a Weird Dream

David saß am Frühstückstisch und wollte sich gerade eine Gabel voll Spiegelei in den Mund stecken, als er die Stimme hörte.

"Nice to meet you", sagte sein Vater an der Tür, und dann: "Do come in, please."

David schloss die Augen. Verdammt.

mint biscuit Pfefferminzkeks
weird seltsam
wife Ehefrau
considerate aufmerksam

Sein Vater führte die alte Frau ins Esszimmer. "This is our new neighbour, Mrs Archd", stellte er sie vor. "My name is Alexander Brix, and this is my **wife** Frances."

Davids Mutter legte ihr Brötchen zur Seite, erhob sich halb und streckte die Hand über den Tisch.

"Nice to meet you, Mrs Archd", sagte sie freundlich. "And this is our son David."

David schob die Hände unter seine Oberschenkel, übersah die auffordernden Blicke seiner Mutter und blieb wie angewurzelt sitzen.

"And I understand you've already met our daughter, Lotte?", fuhr der Vater nichtsahnend fort.

"Yes." Selbst im Sonnenlicht ging von der heiseren Stimme der Alten etwas Unheimliches aus. Die Falten ihres schwarzen Mantels raschelten leise. Davids Eltern schienen nichts zu bemerken. "She introduced herself yesterday. She brought me some flowers. Very **considerate**."

"I hope you liked the flowers", murmelte Davids Mutter und starrte ihre Tochter unheilverkündend an.
"An old German tradition." Lotte lächelte gewinnend und klimperte mit den Augenwimpern.
"Yes. Yes. I understand", flüsterte die Alte. "We have a tradition to greet new neighbours, too. It's an old tradition as well." Ihre knochige Hand verschwand in ihrem Mantel und zog eine zerknüllte Serviette heraus. Sie schlug sie auf und hielt sie erst Lotte, dann David hin. In der Serviette lagen zwei Kekse. Von ihnen ging jener seltsame, pfefferminzartige Geruch aus, den David schon kannte.

"A very old tradition. We bake bread for new neighbours. Bread and salt. But if there are children, we give them biscuits." Die Serviette berührte fast Lottes Nase. "Welcome, little Lotte. Welcome to Burnham-on-Crouch."
Zögernd streckte Lotte die Hand aus. David trat unter dem Tisch nach ihrem Bein, um sie zu warnen, und sah, wie sein Vater zusammenzuckte und sich das Schienbein rieb.
"What a nice idea!", sagte der Vater und starrte David warnend an. "I'm sure the children will love it. Won't you, David?"
David schüttelte unauffällig den Kopf und kroch tiefer in den Sitz.
Lotte nahm mit einem schiefen Lächeln einen der Kekse und biss hinein.
"Delicious", brachte sie hervor, aber das Lächeln verrutschte ein wenig. Irgendwie bis hinter ihr Ohr. Sie stopfte den Rest des Kekses in den Mund, schloss die

Augen, schluckte so schnell wie möglich und nahm einen großen Schluck Orangensaft. Dann blickte sie David grinsend an. "**Cinnamon** and **peppermint**. They're great."

"David loves biscuits", sagte sein Vater, und in der Stimme lag eine nicht zu überhörende Warnung. "He can't get enough of them."

Seine Mutter stupste ihn mit dem Ellbogen an. Lotte grinste noch immer. David schloss die Augen und biss zu.

cinnamon Zimt

peppermint Pfefferminz

to bother to do sth sich die Mühe machen, etw zu tun

shocked empört

to have a bone to pick with sb mit jdm ein Hühnchen zu rupfen haben

nonsense Unsinn

larkspur Rittersporn

"I can't believe how rude you were with that old woman. She was trying to be nice, and you didn't even **bother to** shake her hand. I am **shocked** that my children could behave so rudely." Davids Mutter schüttelte den Kopf.

"Mama, du hättest mal sehen sollen ...", fing Lotte an.

"And you ..." Die Mutter hob drohend den Zeigefinger.

Dicke Luft, dachte David.

"... I **have a bone to pick with** you about those flowers. An old German tradition, what **nonsense**! I planted that **larkspur** only two days ago!"

"Eltern!", murmelte David, als er kurze Zeit später den Spaten in den Boden rammte und auf einer Efeuwurzel abglitt. Er stolperte und fing sich in letzter Sekunde.

"Wem sagst du das", murmelte Lotte bitter. Sie schlug die Moskitos weg, die in dichten Schwärmen aus dem Unterholz aufstiegen, aber sie kamen sofort wieder. Zu

Lottes Füßen lag erst ein kleiner Haufen Wurzelholz. Frustrierend. Sie waren zu müde zum Streiten.

"To make up for this incredible behaviour, you will **dig the garden**", hatte die Mutter gesagt, "and I don't want to hear another word from you! **After all**, you**'ve been lying around** in the hammock all day long."

to dig the garden
den Garten umgraben
after all
schließlich
to lie around
herumliegen

"Von wegen Hängematte", brachte David mühsam hervor. Er war so müde, dass er die Augen kaum noch offen halten konnte. Er musste sich auf den Spaten stützen, sonst wäre er umgefallen.

Lotte streifte mit fahrigen Bewegungen die Handschuhe von den Händen. Auch sie schien eine große Trägheit erfasst zu haben.

"Schatten", murmelte sie. "Hinsetzen."

Zuerst dachte David, es sei eine ganz normale Müdigkeit, wie sie ihn automatisch befiel, sobald die Mutter ihn um Mithilfe im Haushalt bat. Dann sank er im Schlaf immer tiefer und tiefer, wie ein Stein ... Vorhänge wehten im Wind, in einem Kamin brannte ein Feuer. Überall standen Kerzen in schweren, vielarmigen Leuchtern und Wesen huschten um seine Knie.

David erkannte, dass es Affen waren, Meerkätzchen, Schimpansen, Gibbons mit langen Armen und schwarzen Ringen um die Augen. Sie waren in dunkelrote Samtjacken mit handgearbeiteten, schneeweißen Spitzenkragen gekleidet und trugen Gegenstände: Staubwedel, Eimer und Putzlappen. Zwei Orang-Utans schleppten eine riesige Leiter. Im Kronleuchter schwang ein Meerkätzchen hin und her. In der Mitte des Zimmers stand ein Junge. Langsam drehte er sich um.

Es war Zaid. David hätte ihn überall erkannt. In der altmodischen schwarzen Samtjacke, die er trug, sah er noch schöner aus als sonst. Und noch trauriger.

Die Affen verneigten sich vor ihm. "We**'ve polished** the **silverware**, Master", sagten sie, oder: "We've tidied the living room. What would you like us to do now?"

to polish polieren
silverware Tafelsilber
to obey gehorchen

Zaid schickte sie los, um den Weinkeller zu lüften oder die Fenster zu putzen (es schien unendlich viel Arbeit zu geben), und immer verneigten die Affen sich tief und antworteten: "Yes, Master. We will **obey**."

Zaids Stimme war gewaltig, tief und beherrschend, und noch im Schlaf merkte David, wie seine Hand sich zusammenkrampfte. Plötzlich überkam ihn eine ungeheure Lust, den Weinkeller zu lüften, er ertrug die abgestandene Luft dort unten nicht mehr und wollte die Fenster aufreißen, er wollte ... mit aller Kraft ...

"Yes, Master, I will obey", murmelte er. David hörte ein geckerndes Lachen und erkannte zu seiner Überraschung die Stimme der alten Mrs Archd. Pfefferminzduft drang in seine Nase und er stand wieder vor dem Kamin. Noch immer verbeugten die Affen sich tief, aber Zaids Stimme hatte ihre betörende Kraft verloren. Er sprach wieder wie ein Mensch.

Die Kinder sprachen überhaupt nicht. Erst jetzt erkannte David ihre bleichen Gesichter zwischen den im flackernden Licht des Kamins hin und her huschenden Affen. Auch sie trugen rote Samtjacken mit weißen Spitzenkragen und weiten Pluderhosen, und ihre Haut war so bleich, als wären sie seit langer Zeit nicht mehr in der Sonne gewesen. Obwohl sie sich bewegten und ihre tief umrandeten Augen weit geöffnet waren, schienen sie zu schlafen. Sie traten vor Zaid hin, erhielten ihre Anweisungen und nahmen sie mit gebeugtem Kopf zur Kenntnis. Das Mädchen, das jetzt vortrat, hatte stramm geflochtene, dunkelblonde Zöpfe und zwei Zahnlücken. Ihre Arme waren dünn und zerbrechlich, von roten Striemen überzogen und sahen aus, als wären sie zerkratzt. Ein Affe sprang fauchend auf ihre Schulter und drangte sich vor. Ihre Augen starrten noch immer unbewegt in die Luft.

David fühlte eine unbändige Wut in sich aufsteigen. Margaret! Das war Margaret mit dem rosa Schal und der Zahnlücke. Margaret, die von der Armee und der Polizei halb Englands gesucht wurde, Margaret, die jetzt zu Hause mit ihrem Meerschweinchen im Garten sitzen sollte, anstatt muffige Weinkeller zu lüften und den Staub von Kronleuchtern zu wischen. Einer der Affen lachte schrill. "Yes, Master, we will obey ..."

David ballte im Schlaf die Fäuste, so fest, dass seine Fingernägel sich in die Handflächen gruben. So fest ... das Licht im Kamin schien heller und heller zu werden und er konnte die Affen nicht mehr sehen ... "yes, Master", sagte Lotte, und der Schmerz auf Davids Handflächen und der Geruch nach Pfefferminz wurden stärker ...

Er fuhr auf, verschwitzt und zerstochen, mit zerwühltem Haar und ein wenig Gras im Gesicht.

Vor ihm stand seine Mutter.

Einige Schritte von David entfernt richtete Lotte sich gähnend auf.

"That's what you **consider** hard work", sagte die Mutter. "I planned to have some pizza today for lunch. But if that is all the help I can get – either you finish your work in thirty minutes, or you can open a can of ravioli for yourselves. **It's up to you**."

to consider sth sth etw für etw halten
It's up to you. Wie ihr wollt.

David verzog das Gesicht und hielt den Mund. Lotte griff wortlos nach dem Spaten. Erst als die Mutter sich entfernte, murmelte sie bitter: "Yes, Master. We will obey."

David starrte Lotte ungläubig an. Die Mutter blieb stehen und drehte sich um (David fragte sich, wie jemand ein derart unglaubliches Gehör haben konnte).

"What did you say?"

"Nichts", sagte Lotte. "Nichts. War nur ein Traum."

Who is Amina?

Ganz gegen ihre Gewohnheit zog Lotte sich nach dem Mittagessen nicht in ihr Zimmer zurück, um zu telefonieren, sondern setzte sich stattdessen mit einem Buch in den Vorgarten. Als David sich mit einem Stapel Comics in die Hängematte legte, drehte sie Haarsträhnen um die Finger und schien völlig in die Geschichte vertieft, und als er seinen Liegeplatz zwei Stunden später fluchtartig verließ, weil Harry Erdbrocken über den Zaun warf, saß sie immer noch in derselben Haltung an derselben Stelle und schien ihn überhaupt nicht bemerkt zu haben. Seltsam.

David linste über den Zaun. Lotte blickte nicht auf. Sie blickte so angestrengt überhaupt nicht auf, dass David sich sicher war, dass sie ihn durchaus gesehen hatte. Unter dem Buch leuchtete ein rosa Stoffstreifen hervor. Die Farbe kam David bekannt vor. Die Farbe und der kleine, wollene Schafshintern, den er zwischen Lottes Fingern sehen konnte. Es war Zaids Tuch, das sie ihrer Mutter am Morgen aus der Hand gerissen hatte.

"Wartest du auf jemanden?", fragte David unschuldig und sah zu seinem Entzücken, dass Lottes Ohren tatsächlich rot wurden.

"Ach, halt die Klappe!"

David war fast im Haus, als ihm einfiel, warum Zaid Lotte das Tuch gegeben hatte, und irgendetwas sagte ihm, dass es wichtig war. Er ging zu Lotte zurück.

"Wir sollten diese Dingsbums suchen", sagte er, plötzlich ernst geworden, und streckte die Hand aus, um nach dem Tuch zu greifen.

"Ja, sicher, such das Dingsbums", sagte Lotte ohne aufzusehen. "Tiggerchen."

David stemmte die Hände in die Hüften. "Manchmal bist du wirklich ätzend, Lotte. Aber weißt du was? Es geht hier gar nicht um mich. Es geht um Zaid. Er hat gesagt, wir sollen das Tuch seiner Freundin geben, erinnerst du dich? 'Look for my girlfriend Annabella', hat er gesagt, und nicht: 'Take the **scarf** to **pine for** me in the garden.'"

Lotte fuhr auf. "Schwester! 'Sucht meine Schwester', hat er gesagt. Er hat keine Freundin. Und außerdem heißt sie Amina. Idiot!"

scarf Schal
to pine for sb nach jdm schmachten

"Dann eben Amina."

"Er hat auch was von Affen erzählt, wenn du dich erinnerst. Sollen wir die auch suchen?", fragte sie und verdrehte ihre Augen.

"Aber wir können das doch nicht einfach …"

Lotte schüttelte wütend den Kopf. "Begreifst du denn nicht? Es gibt keine Amina, du Superhirn. Er hatte Fieber, das war alles."

"Dafür hat er aber eine ganze Menge von ihr gesprochen", wandte David ein, "genau genommen hat er überhaupt nicht mehr damit aufgehört. Was hat er dir denn noch erzählt?"

"Er …" Lotte biss sich auf die Lippen. "Er hat mich mit ihr verwechselt." Ihre Ohren glänzten jetzt wie eine Verkehrsampel bei Rot.

"Er hat dich für seine Schwester gehalten?", fragte David überrascht. "Wer sollte denn so was wollen? Ich meine, du bist meine Schwester – und glaub mir, das ist nicht der geringste Grund zum Schmachten."

"Ich schmachte nicht!", schrie Lotte.
Ihr Streit wurde von einem Räuspern unterbrochen.
"Excuse me?"
Der alte Bauer, der zweimal die Woche Eier und frische Milch vorbeibrachte, stand an der Tür und winkte mit dem Korb."
"I'll get your **returnable bottles**, Sir!", rief Lotte und lief in die Küche, offenbar froh, das Gespräch beenden zu können.
David nahm den Korb und stand wartend neben dem Bauern. Die Stille war ihm unangenehm, er wusste nicht, was er sagen sollte.

"You're from Hamburg, aren't you?", fragte der Bauer schließlich.
"Yes", murmelte David und wünschte sich, Lotte würde sich beeilen. "Have you ever been there?"
Der Bauer schüttelte den Kopf. "I've never been **farther** than London. We never **go on holidays**. The cows have to be milked, you know. Somebody has to feed the chickens. No, no, I grew up here, and I'm going to die here. I never wanted to go anywhere else."

returnable bottle Pfandflasche
farther weiter
to go on holidays Urlaub machen

"Do you know everybody living in Burnham-on-Crouch?", fragte David.
Der Bauer nickte. "Every man, woman, child, and chicken. Look, your sister's coming."
Lotte reichte dem Bauern die leeren Milchflaschen über den Gartenzaun.
"Thank you, Miss. Have a nice day", bedankte sich

der Bauer und stellte die leise klirrenden Flaschen in den Anhänger seines Wagens.
"Sir?", rief David hinter ihm her. "Excuse me, do you know anybody called Amina? Or Anna?"
"Amina? That's a strange name. I've never heard it before", meinte der Bauer und stieg ein. Lotte grinste David triumphierend zu, da fiel dem Bauern doch noch etwas ein: "Oh, you mean little Mina! Sure. Mina, we called her."

shoemaker Schuster(in)
chemist's Apotheke
overdone übertrieben
perm Dauerwelle
perfume Parfum

David grinste höhnisch zurück. "Can you tell me where we can find her?", fragte er zuckersüß.
Der Bauer zuckte mit den Schultern. "The family moved away three years ago. You could ask the **shoemaker**, or in the **chemist's** on Market Street, if you really want to know. That woman usually knows everything", fügte er etwas brummig hinzu. Die Fragerei schien ihm langsam lästig zu werden. Er startete den Motor und lenkte den Wagen vom Parkplatz.
David drehte sich zu Lotte um und zischte: "Und? Wer ist jetzt das Superhirn?"
Lotte lief hinter dem Wagen her und winkte. "Sir? Sir?" Der Bauer bremste, steckte den Kopf aus dem Seitenfenster und sah sie fragend an.
"Excuse me, can you tell me how old Mina is? And what she looks like?", fragte sie atemlos.
"A blond woman, rather thin. She finished school with my wife in 1970. So she would be around fifty now. She has an **overdone perm**, and uses too much **perfume**.

But who on earth wants to know?" Er trat aufs Gas und fuhr weiter, ohne das Seitenfenster hochzukurbeln.
David starrte der Staubwolke hinterher. "Klingt nicht nach Zaids Schwester, oder?", sagte Lotte. Sie tätschelte Davids Kopf. "Kannst ja nichts dafür, dass du doof bist, kleiner Bruder."
Ach, verdammt, geh schmachten, dachte David.

Mit verschränkten Händen lag David auf seinem Bett und starrte an die Decke. Trotz allem ging ihm der rosa Schal nicht aus dem Kopf. Überall schien er daran erinnert zu werden. In Zaids Tasche. In Lottes Händen. Und in seinem Traum? Er erinnerte sich nur noch undeutlich. Aber er musste schon früher darüber gestolpert sein, nur wo? Und was Lotte für einen Aufstand gemacht hatte wegen dieses Fetzens! Normalerweise hätte sie lieber tot überm Zaun gehangen, als so ein Schnuckeltuch mit sich herumzutragen, das höchstens für Kindergartenkinder und kleine Mädchen … Genau! David setzte sich auf. Plötzlich wusste er wieder, wo er den Schal zum ersten Mal gesehen hatte: auf einem Foto in der Zeitung, unter der Schlagzeile *Still no Trace of Missing Girl.* Dieser Schal gehörte dem entführten Mädchen!
David war plötzlich kalt. Wo, wo, wo war diese Zeitung? Er hatte Kohle aus dem Kamin gekehrt und dann in den Schlackeneimer im Kohlenkeller geworfen.
Sekunden später rannte er die Treppe hinunter und durch den Garten. Vielleicht war die Zeitung noch zu finden. Er musste es wissen …
Mit angehaltenem Atem stocherte er mit einem alten

Stock zwischen den Papierfetzen und der Asche, bis er die Zeitung in den Händen hielt. Sie war zerknittert und schwarzgrau von Asche, aber das Foto war noch deutlich zu erkennen. Ein lachendes Mädchen mit Zahnlücke. Und über ihrem roten Sweatshirt hing ein rosa Schal.

David hatte Margaret Norring gefunden. Er wusste, wo die verschwundenen Kinder waren.

Questions

"Yes", sagte der Polizist ohne Uniform ins Telefon und nickte. "I see." Dann wandte er sich um und rief seinem Untergebenen zu: "One of the sheep is missing. And her mother **sewed** her initials on one of the corners. M. N. for Margaret Norring."

Der zweite Polizist drehte den Schal vorsichtig, um ihn zu untersuchen. Dann blickte er auf und nickte ernst. "Yes, this scarf belongs to Margaret."

Lotte vergrub ihr Gesicht an der Schulter ihrer Mutter.

Eine halbe Stunde später stand der erste Reporter in ihrem Vorgarten und brüllte in ein Mikrofon: "'The police have found the first trace of the missing children', announced Police **spokesman** Roger McMillan at a **press conference** less than two hours ago. In the **romantic** village of Burnham-on-Crouch, police are searching for Margaret Norring. As we reported over the last few days, the eleven-year-old girl disappeared a few days ago on her ..." Der Reporter ließ sein Mikrofon sinken, als seine Worte im Lärm untergingen. "**Blast**, we'll have to do it again."

Über ihm kreiste ein Hubschrauber mit dröhnenden Rotoren.

Vom Herrenhaus bis zu ihrem Garten standen die Autos dicht an dicht, Polizei, Spurensicherung, Armee und sogar eine Hundestaffel. Landpolizisten mit komischen Helmen und mit karierten Hutbändern sperrten

to sew (sewed, sewn) nähen
spokesman Sprecher
press conference Pressekonferenz
romantic romantisch
blast verflixt

die Straßen ab, während eine Spezialeinheit in schwarzen Sicherheitswesten hinter dem Tennisplatz Aufstellung nahm, um das Herrenhaus zu stürmen. Blaulicht blinkte durch die einbrechende Dämmerung und das Heulen der Hunde war bis ins Dorf zu hören. Auch Lotte saß in ihrem Zimmer und heulte, wenn auch aus einem anderen Grund. David kniff die Augen zusammen. Das Geräusch drang selbst durch die Decke, die David sich über den Kopf gezogen hatte.

"Du kannst das nicht wissen!", hatte Lotte geschrien, als David ihr die Zeitung gezeigt hatte, wortlos und erschüttert. "Das ist doch nicht Zaids Schuld. Er hat versucht, uns zu warnen!"
Zum ersten Mal in seinem Leben fühlte David sich erwachsener als Lotte und stellte zu seiner Überraschung fest, dass es kein schönes Gefühl war.
"Stell dir vor, du bist elf Jahre alt, Lotte, und sitzt in einem Keller fest. Was meinst du denn, was wir machen sollen? Egal ob wir Zaid mögen oder nicht?"
"Sie sitzt nicht in einem Keller fest", sagte Lotte wütend. "Sie ..."
Lotte unterbrach sich, sie sah plötzlich müde und verwirrt aus. "Sie ... putzt das Treppengeländer?" Sie hob den Kopf und starrte David an. "Warum sage ich das?", flüsterte sie.
Davids Mund wurde trocken. "Und die Affen haben ihr Gesicht zerkratzt", murmelte er. "Vor dem Kamin im Herrenhaus."
"Aber das war mein Traum", entgegnete Lotte.
David schüttelte den Kopf. "Das war, nachdem wir die

Kekse von Mrs Archd gegessen haben", sagte er. "Im Traum hat es die ganze Zeit nach Pfefferminz gerochen. Wie in ihrem Garten. Wie die Kekse. Erinnerst du dich?" Lotte nickte wortlos. "Ich hatte den gleichen Traum", sagte David leise.
"Das glauben die uns nie!", sagte Lotte.
"What will they not believe?", fragte ihre Mutter, die gerade mit einem Blech Kirschkuchen ins Zimmer kam. David hatte ihr schweigend den Schal gezeigt, Lotte hatte ihn aus seiner Hand gerissen und dann war der Blick der Mutter auf die Zeitung gefallen. Eine Minute später hatte sie zum Telefon gegriffen, und jetzt lag Lotte im Nebenzimmer und heulte und David dachte: Das ist der absolute Tiefpunkt dieser ganzen verdammten Sommerferien.

Es war nach Mitternacht, als seine Mutter den Inspektor in Davids Zimmer führte. David fuhr auf. Er musste an seinem Schreibtisch eingeschlafen sein.
"Hello, David", sagte der Inspektor leise. Er sah bleich aus und so erschöpft, dass David sich die nächste Frage fast sparen konnte. Er fragte trotzdem.
"Did you find her?"
Der Inspektor schüttelte den Kopf und ließ sich auf Davids Bett sinken. Er nahm die Bart-Simpson-Figur, die auf dem Nachttisch stand, und drehte sie in den Händen hin und her, ohne David anzusehen.
"When I was your age, I had Batman next to my bed", murmelte er schließlich. Dann holte er tief Luft und legte die Figur aus der Hand, bevor er sich David zuwandte.

"I'm Inspector Clifton."
David nahm die angebotene Hand. "David Brix."
"You're from Hamburg, aren't you?", fragte Clifton.
"Yes, I am." Was hatte das damit zu tun?

to have a fight sich streiten
to call sb names jdn beschimpfen
to get attention Aufmerksamkeit erregen
lie Lüge

"Do you miss your friends?"
David nickte.
"What about ...", Inspektor Clifton zog einen Notizblock aus seiner Tasche und blätterte darin. "What about your neighbour, Harry? He must be your age."
"He's an idiot", murmelte David leise,
"**Did** you **have a fight**?", fragte Clifton weiter.
"He had this great BMX bike, and I had my sister's. And his clothes were better, and I didn't have my Xbox, and he said my mother was poor, which is not true at all, and then they **called** me **names** ..." Inzwischen war es ihm egal, wenn er rot wurde.
"I'm sorry. It shouldn't be that way", sagte der Inspektor schlicht, was genau das Richtige war. Und in dem Augenblick, in dem David dachte, dass es schön war, endlich einen Erwachsenen gefunden zu haben, der das verstand, kam die nächste Frage: "Is that why you made this story up? To make friends? To **get attention**?"
"What?" David sprang so schnell auf, dass der Schreibtischstuhl, auf dem er gesessen hatte, mit einem Knall nach hinten fiel. "That's a **lie**!", schrie er aufgebracht. "Why don't you ask Zaid!"
"We didn't find anything in that house. Nothing at all. No Margaret. No other children", sagte Inspektor

Clifton und seine Stimme klang nun nicht mehr verständnisvoll. "We're sure nobody has been in that house for the last twenty years. We had to **break in**, the doors were so **rusted** we couldn't move them. And there was **dust** everywhere."
Aber wie kann das sein, überlegte David fieberhaft. Sie putzten doch schon seit Wochen, sie hatten sogar den Boden im Kaminzimmer poliert ... aber dann fiel ihm ein, dass es nur ein Traum gewesen war.
"Nothing?", fragte er heiser.
"Nothing at all." Clifton stand so plötzlich auf, dass David zurückzuckte. "Especially no **Arabian** boy called Zaid y Somon el Hadsch-Harr'chd. Actually, the last known record of a person with that name is in the **Turkish archives** from the year 1468."
"But ... but that scarf", stammelte David. "You said it was Margaret's. I did not make that up."
"Yes, David. The scarf belongs to Margaret. There is no **doubt** about that. So we were wondering where you found it."
"I didn't find it", sagte David. "Zaid gave it to us. My sister was there. Why don't you ask Lotte?"
Der Inspektor schüttelte unwirsch den Kopf. "I can't ask her. She's crying all the time. The doctor said she had a **nervous breakdown**."
Wer hätte gedacht, dass dieses ganze Geheule für etwas gut ist, dachte David. Wenn er das gewusst hätte ...
"Did you find it in the village, David?",

to break in einbrechen
rusted verrostet
dust Staub
Arabian arabisch
Turkish türkisch
archive Archiv
doubt Zweifel
nervous breakdown Nervenzusammenbruch

bohrte Clifton weiter. "Maybe on the street, in a **gutter**? Or in London, when you visited your father?"
David schüttelte den Kopf.
"Or maybe you found it down at the beach? Was it floating in the sea?"
"No", sagte David müde. Er überlegte einen Augenblick, ob er dem Inspektor alles erzählen sollte – von dem Skelett im Garten der alten Mrs Archd, wie Harry und seine Freunde ihn dazu gebracht hatten, in den Park des Herrenhauses zu klettern, von den Keksen, die sie gegessen hatten, und dem Traum, den Lotte und er gleichzeitig geträumt hatten, und den Geschichten, die die Dorfbewohner sich beim Bäcker erzählten ...

gutter Gosse
Very well! Also gut!

Er gab auf. Lotte hatte recht gehabt (mal wieder), als sie sagte: 'Das glauben die uns nie.'
"No, Zaid gave it to us", murmelte er ein letztes Mal. Was sollte er sonst sagen?
"**Very well!**" Der Inspektor starrte wütend auf seine Schuhe.
David sah ihn misstrauisch an. Wahrscheinlich war es klüger, still zu sein.
"Very well", sagte Clifton noch einmal. "Then show me. Let's go and meet Zaid."

The Ratcatcher

"Und?"

"Nichts." David ließ den Kopf hängen. "Nur Staub, wie er gesagt hat. Zentimeterhoch. Wenn da jemals jemand gewesen wäre, hätte man Fußspuren gesehen."

ratcatcher Rattenfänger

"Ich hab's ja gleich gesagt", murmelte Lotte, aber sie klang nicht so triumphierend wie sonst. Sie drehte ihre Haare um die Finger und schien nachzudenken. "Wirklich gar nichts?", fügte sie nach einer kleinen Pause hinzu.

David schloss die Augen und versuchte sich das Herrenhaus noch einmal so vorzustellen, wie er es gestern mit Inspektor Clifton gesehen hatte. Verschwitzte Polizeibeamte mit staubigen Gesichtern hatten Tee trinkend auf den Treppen gesessen. Müde Constables rollten Absperrband ein, packten die Ausrüstung zusammen und warfen ihm irritierte Blicke zu. Seinetwegen hatten sie stundenlang vergeblich gearbeitet. Nur die Hunde waren noch wach und unruhig gewesen. Mit geduckten Köpfen hockten sie in den Ecken und winselten leise.

Der Inspektor hatte ihn persönlich über die Haupttreppe ins Kaminzimmer geführt.

"Es war genau wie im Traum", sagte David leise. "Der Teppich, auf dem Zaid gestanden hat. Und der große Kronleuchter über dem Sofa. Hast du den auch gesehen?"

Lotte nickte. "Und darin hockte ein Meerkätzchen und hat geputzt."

"Aber im Haus lag alles unter einer dicken Staubschicht", fuhr David fort. "Die Möbel waren mit Tüchern abgedeckt. Und der Blumenstrauß neben dem Spiegel war völlig verwelkt. Den Rest des Hauses haben wir gar nicht gesehen. War alles abgesperrt wegen Einsturzgefahr."
"Und Zaid?", fragte Lotte.
David schüttelte den Kopf.
"Gar nichts?"
David dachte nach. Die Mauer. Die Mauer hinter dem Kamin. Sie hatte ... irgendwie durchsichtig ausgesehen. Etwas an ihr war nicht echt gewesen. Als wäre das Zimmer künstlich geteilt worden, und er könnte nur die eine Hälfte sehen. War das Musik, die hinter der Mauer aus dem Ballsaal drang? David hatte gelauscht. Bis auf das leise Plopp vom Tennisplatz und das Winseln der Hunde im Untergeschoss war alles still gewesen. Er war zwischen den abgedeckten Möbeln hindurch bis zu der Wand gelaufen und hatte dagegengeklopft, um zu hören, ob sich dahinter ein Hohlraum verbarg.
"Und?"
"Nichts. Einfach nichts." David schüttelte den Kopf. "Aber was hätte ich stattdessen tun sollen?"
"Also ich hab im Internet recherchiert", sagte Lotte.
"Du hast was?"
"In-ter-net. Diese vielen bunten Seiten im Computer. Das macht man heutzutage so, Tiggerchen. Ist ganz praktisch", sagte Lotte mit einem entschuldigenden Grinsen.
David verbiss sich eine wütende Antwort und lehnte sich stattdessen neugierig vor.

"Und?"

Sie saßen in Lottes Zimmer, Lotte vor ihrem aufgeklappten Laptop.

"Erinnerst du dich, was die Leute dir beim Bäcker erzählt haben? Als du Mrs Archd zum ersten Mal getroffen hast?", fragte Lotte.

"These children are lost forever", rief sich David die Worte der Alten ins Gedächtnis und spürte, dass er selbst hier, in Lottes Zimmer, eine Gänsehaut bekam.

"Nein, ich meine, was die Leute aus dem Dorf erzählt haben", erwiderte Lotte.

"Dass alle zweihundert Jahre Kinder verschwinden? Aber die wollten mich doch auf den Arm nehmen!"

Lotte schüttelte den Kopf und drehte den Laptop so, dass David den Bildschirm sehen konnte.

"Genau genommen sind es ziemlich genau 180 Jahre. Angefangen hat es im Jahr 1284. Mit dem Rattenfänger von Hameln. Kennst du die Geschichte?"

David legte den Kopf schief. Wenn er in etwas besser war als Lotte, dann war es Rechnen. "Das sind aber keine 180 Jahre", widersprach er.

"1287 wären es aber 180 Jahre gewesen", sagte Lotte ungehalten. "Vielleicht ein Schreibfehler, na und? Willst du jetzt hören, wie es weitergeht, oder nicht?"

David sagte nichts.

"Der Rattenfänger verschwand jedenfalls 1284 nach einem Streit mit den Kindern der Stadt Hameln. Und 1468 sind in der Türkei Kinder verschwunden."

"Sind sie wieder aufgetaucht?"

Lotte zuckte die Schultern. "Keine Ahnung." Sie drehte den Laptop wieder zu sich her und las vor. "Hier: In

Ireland a ratcatcher was reported in 1646. After he **accomplished** his work by killing all the rats in the city of Galway, the man **was accused of communicating with** the devil." Lotte blickte ihn triumphierend an.

to accomplish sth etw vollbringen
to accuse sb of sth jdm einer Sache beschuldigen
to communicate with sb mit jdm in Verbindung stehen

"Und weiter?", fragte David und beugte sich vor, um neben Lotte auf den Bildschirm zu sehen. "It is not known what became of the ratcatcher", las er.

"Okay. Da steht nichts von entführten Kindern", gab Lotte zu. "Aber 1808 sind wieder Kinder verschwunden, diesmal in Italien. Alle 180 Jahre verschwinden Kinder. Ich bin sicher."

David war nicht ganz so überzeugt. Es klang, als hätte Lotte sich einfach irgendwelche Zahlen und Meldungen zusammengesucht, die zu ihrer komischen Theorie passten. Auf jeden Fall glaubte er nicht, dass Inspektor Clifton Lottes Geschichte besser gefunden hätte als seine eigene (wobei es ihm Spaß gemacht hätte, zuzusehen, wie zur Abwechslung mal Lotte versuchte, Inspektor Clifton zu überzeugen).

"Also wirklich, Lotte, wenn ich ein Problem mit Ratten hätte", sagte er, "dann würde ich einen Kammerjäger rufen. Sollen wir das der Polizei erzählen? Dass ein durchgeknallter Kammerjäger die Kinder entführt hat?"

"Es geht nicht um Ungeziefer oder Ratten", sagte Lotte trotzig. "Sondern darum, dass jemand Kinder sammelt."

"Selbst wenn das stimmt, warum hat ihn denn niemand gesehen?", wandte David ein.

"Weil sie ihn nicht sehen können." Lotte biss sich auf die Lippen. Dann sah sie etwas auf dem Monitor. "Schau mal. Auf Youtube gibt's das letzte Video, auf dem Jamie Higgs zu sehen ist. Er war das zweite Opfer."

David sah ein Kind, einen Jungen an einer Bushaltestelle. Im Hintergrund kommentierte einPolizeisprecherdieAufnahmen."This was the last time Jamie Higgs was seen. The **video was made** by a friend with a mobile phone at a bus stop near his school. Jamic got on the bus at half past twelve, the **bus ride** should have taken less than ten minutes. But he never arrived at home and was never seen again. Police are still looking for witnesses. If you saw a dark-haired boy in an **olive-coloured leather jacket** and black **pants**, after Thursday 17 May, please contact the police immediately ..."

to make a video ein Video aufnehmen
bus ride Busfahrt
olive-coloured olivfarben
leather jacket Lederjacke
pants Hose

David sah genauer hin. Das Bild war schlecht, er konnte weder den Gesichtsausdruck noch die Haarfarbe oder Kleidung des Jungen erkennen. Aber er schien in ein Gespräch vertieft. Er winkte mit den Händen, schüttelte den Kopf und lachte, als habe er einen guten Witz gehört. Einmal zog er sogar sein Handy aus der Tasche, und zeigte jemandem, der rechts neben ihm stand, einen Videoclip.

Aber der Platz neben ihm war leer.

"Siehst du es?", flüsterte Lotte neben ihm.

"Ich seh nichts", sagte David.

Lotte nickte heftig. "Eben. Es ist unsichtbar."

Erzähl das mal dem Inspektor, dachte David skeptisch. Das könnte spannend werden.
"Aber was hat das mit dem Rattenfänger zu tun?" David runzelte die Stirn. "Gibt's da auch ein Video?"
Lotte verdrehte die Augen. "Es gibt sie schon seit Jahrhunderten. Hier. Erinnerst du dich an die seltsamen Pflanzen im Garten von Mrs Archd? Die so nach Pfefferminz gerochen haben?"
"Klar. In den Keksen war das Zeug auch drin."
"Digitalis pfefferminza", behauptete Lotte. "Wird auch Hexenkraut genannt. Und dann die Katzen."
David nickte. Auch die Katzen würde er so schnell nicht vergessen.
"Das sind gar keine Hauskatzen. Es sind Ginsterkatzen. Eine afrikanische Katzenart, die früher oft bei Zauberzeremonien eingesetzt wurde."
"Du hast nicht den geringsten Beweis", sagte David.
Lotte schüttelte den Kopf. "Hast du schon mal vom Erlkönig gehört?", fragte sie. Sie sprang vom Bett, nahm ein Buch aus ihrem Regal, blätterte kurz darin und warf es ihm in den Schoß.
Widerwillig schlug David es auf und las die Verse:
„Wer reitet so spät durch Nacht und Wind?
Es ist der Vater mit seinem Kind.
Er hat den Knaben wohl in dem Arm,
er fasst ihn sicher, er hält ihn warm.
Mein Sohn, was birgst du so bang dein Gesicht? -
Siehst, Vater, du den Erlkönig nicht!
Den Erlenkönig mit Kron' und Schweif? -

Mein Sohn, es ist ein Nebelstreif."
"Da", sagte Lotte und zeigte mit den Fingern auf die Zeilen, die er gerade las. Siehst du? Der Vater kann ihn nicht sehen. Erinnerst du dich, wie du im Traum versucht hast, Papa und Mama zu wecken, und sie sind nicht aufgewacht?" David nickte. "Hier kommt es noch mal."
"Mein Vater, mein Vater, und siehst du nicht dort
Erlkönigs Töchter am düsteren Ort? -
Mein Sohn, mein Sohn, ich seh' es genau:
Es scheinen die alten Weiden so grau."
"Und das erklärt auch, warum niemand im Dorf jemals Zaid gesehen hat", fuhr Lotte fort. "Und warum es keinen einzigen Zeugen gibt."

David fuhr sich mit den Händen durch das Gesicht. "Aber was hat denn das mit Rattenfängern zu tun, Lotte?", murmelte er müde. "Da geht es doch um einen Erlenkönig. Erle, das ist doch irgendein Baum."
Lotte schüttelte entschieden den Kopf. "Ich hab's im Lexikon nachgeschlagen. *Erlkönig* kommt von *Ellerkonge*, das bedeutet *Elfenkönig*. Es gibt zwei Arten von Elfen, um genau zu sein. Einerseits die Feen, so ein bisschen wie in *Herr der Ringe*. Aber andererseits ..." Sie senkte die Stimme, als hätte sie Angst, das Wort laut auszusprechen: "Sie nennen sie Schwarzelfen."
"Elfen", sagte David trocken.
"Elfen, Alben, Elben. Der Erlkönig. Das ist alles das Gleiche. Das war ein Rechtschreibfehler."
"Findest du nicht, dass in deiner Geschichte ziemlich viele Rechtschreibfehler sind?", fragte David. "In etwa

jedes Mal, wenn irgendwas nicht ganz passt?" Lotte zuckte die Schultern. Sie sah sauer aus, weil er ihr nicht glaubte. "Und sollen wir das jetzt der Polizei erzählen?", fragte David weiter. "Dear Inspector Clifton, I'm sorry we **misled** you the last time we told you about the missing children. But now we know where they are! You just have to **ignore** the **spelling mistakes**."

to mislead (misled, misled) sb jdn irreführen
to ignore ignorieren
spelling mistake Rechtschreibfehler

"Idiot!" Lotte klappte den Laptop endgültig zu und legte ihn auf ihren Schreibtisch zurück. "Ich habe die halbe Nacht daran gearbeitet."
"Was? Ich dachte, du hattest einen Nervenzusammenbruch!", fuhr David auf.
"Quatsch", sagte Lotte und verdrehte erneut die Augen. David schwieg. "Vielleicht hab ich ein wenig übertrieben", gab sie zu.
David starrte sie böse an. "Ich hätte deine Hilfe brauchen können."
"Sieh mal, es wäre doch wirklich nicht gut, wenn sie uns beide für bescheuert halten würden", machte Lotte einen etwas hilflosen Erklärungsversuch, "nachdem sie im Herrenhaus weder Zaid noch irgendwelche verschwundenen Kinder gefunden haben."
"Zum Glück halten sie jetzt nur mich für bescheuert, richtig?", fragte David wütend und Lotte lächelte sanft.
"Na ja, aber das ist ja nichts Neues, nicht wahr?"
Er warf ein Kissen nach ihr.
"David?" Die Mutter steckte ihren Kopf ins Zimmer. "David? There's somebody waiting to see you."

David rannte die Treppe hinunter, erleichtert, aus Lottes Zimmer zu entkommen. Er hätte es nicht zugeben wollen, aber etwas an ihren Geschichten war beunruhigend.
Er riss die Tür auf und rief: "Hello."
"Good morning, David", sagte eine heisere Stimme. Sie gehörte Mrs Archd. David prallte zurück. "Are you the boy who informed the police last night? I heard they've gotten a **search warrant** for the manor."
"Yes, that's me. David, the blithering idiot who called the police", sagte er bitter.
Zu seiner Überraschung schüttelte die Alte den Kopf.
"That was brave, David. You're a courageous boy."
"But it didn't help", sagte David. "They didn't find them."
"It wasn't your **fault**", sagte sie leise. "But you're right. The children are there."
"I **made a fool of** myself."
"It's **useless** to call the police. They cannot see them. They can't even see my brother. But you tried to help."
Sie zog ein längliches Päckchen aus der Tasche und drückte es dem überraschten David in die Hand. "Here, I want you to have this. Read the letter and you'll understand everything."
Verwirrt drehte David das Päckchen in den Händen. Er hatte das Gefühl, eine Bombe in der Hand zu halten.

search warrant Durchsuchungsbefehl
fault Schuld
to mako a fool of oneself sich zum Narren machen
useless zwecklos

"It's for me?", fragte er misstrauisch.
Sie nickte wieder und wieder, wie es alte Menschen häufig tun, und schien Davids Anwesenheit völlig vergessen zu haben. Erst jetzt bemerkte er, dass die Alte von drei ihrer seltsamen Katzen begleitet wurde. Sie saßen zu ihren Füßen und blickten David aus ernsten, goldenen Augen an. Er konnte ihren Ausdruck nicht deuten, zog aber vorsichtshalber die Tür ein wenig zu. Er hatte keine Lust, sich noch einmal mit diesen Viechern anzulegen.
Mrs Archd bemerkte es und lachte leise.

fellow combatant Mitkämpfer(in)
vague vage
plain English Klartext

"Don't worry. They won't hurt you. Will you, my little ones? They were my **fellow combatants** for a long time. My cats hate them as much as I do. Come on, my little darlings", sagte sie zu den Katzen. "Let's go home. Good-bye, David. And if you see my brother ..."

Dieses Gerede ging David zunehmend auf die Nerven. Erst Lotte und jetzt auch noch Mrs Archd. Konnten die Leute sich denn nie klar ausdrücken?
"Mrs Archd", unterbrach er sie ungeduldig. "Sorry, Mrs Archd, but I don't understand a thing. This is just too **vague**. Can't you talk **plain English**? Who are 'they'? Who are you talking about?"
Anstatt seine Frage zu beantworten, öffnete die Alte den Mund und begann plötzlich zu keuchen. Ihre Finger krallten sich in den Türrahmen, sie schüttelte den Kopf, als wolle sie etwas abwehren.
David war für einen Moment völlig perplex. Sie konnte doch wohl nicht hier auf seiner Türschwelle einen

Herzinfarkt haben? Und was würde seine Mutter dazu sagen? Er musste etwas tun, sonst war er hinterher wieder an allem schuld. Er beugte sich vor. "Mrs Archd, what's the matter?"
Sie krampfte ihre Hand jetzt um ihren Hals und hustete.
"Do you want a glass of water?", fragte er ängstlich. "Or do you want me to call an ambulance? You should go to hospital. This looks like a **heart attack**." Die Alte schüttelte wieder den Kopf, diesmal noch heftiger. Es sah aus, als würde sie kämpfen, und plötzlich fiel David ein, woran ihr Verhalten ihn erinnerte: an Zaids Fieberträume und seine verbrannten Finger.

heart attack Herzinfarkt
Pied Piper of Hamelin Rattenfänger von Hameln
to confirm bestätigen

"I couldn't go there ... they put a spell around the house ...", hatte er gesagt.
"Can you tell me about them?", fragte er direkt, und zu seiner Erleichterung schüttelte sie den Kopf. Ihre Krämpfe schienen nachzulassen.
"I wrote a letter", flüsterte sie.
"Lotte told me that they're collecting children. Like in the legend of the **Pied Piper of Hamelin**", sagte David schnell. "Is that him?"
"Yes", krächzte die Alte und ließ sich erschöpft auf die Treppenstufen am Eingang sinken.
"And you can't tell me about them, because you're under a spell of some sort. But if I ask the right questions, you can **confirm** it?"
"Yes." Mrs Archd nickte erleichtert.
"Is it the ratcatcher?"

"Yes."
"And the Erl King?"
"Yes."
David überlegte. "And everything is true?", fragte er vorsichtig. Er war sich nicht sicher, ob er die Antwort hören wollte. "Zaid y Somon el Hadsch-Harr'chd, our dreams, and the monkeys?" Sie nickte. "And the children are cleaning the old house for a party?"
"Yes."
"When are they planning to have the party?", fragte David und sofort begann Mrs Archd wieder zu keuchen. Falsche Frage. Die Antwort hätte mehr als ein Ja oder Nein verlangt. Es war wie eins dieser dummen Quizspiele im Fernsehen, bei denen man immer nur mit Ja oder Nein antworten durfte.
"Are the children still alive?", fragte er schnell und sie nickte erleichtert.
"And we don't have much time left?", fuhr er fort.
"Yes", flüsterte die Alte und hob zwei Finger.
"Two months? Or two weeks?", fragte David und zu seinem Entsetzen schüttelte Mrs Archd den Kopf.
Also Tage. Es waren nur noch zwei Tage. Eine Gänsehaut kroch über Davids Rücken, als er die nächste Frage stellte.
"How many children do they need?"
Die Alte hob ihre zitternde Hand, das Gesicht vor Anstrengung verzerrt. Drei Finger.

Where is Harry?

"David?", rief seine Mutter aus der Küche, als er die Treppe hinaufrennen wollte, um mit Lotte zu reden. Widerwillig machte er kehrt.

"Mmh?"

Seine Mutter hob eine Auflaufform aus dem Ofen und stellte sie auf dem Herd ab. Das ganze Haus duftete nach Lasagne.

"Did you meet your friend Harry?", fragte sie beiläufig und streifte ihre Topflappen-Handschuhe ab.

David starrte sie verständnislos an. Freund? Harry?

"Harry ist nicht mein Freund", sagte er empört, "nicht, wenn man unter Freundschaft etwas anderes versteht, als mit Matsch und Erdklumpen beworfen zu werden."

"Oh", sagte seine Mutter und ließ das Salatbesteck, das sie gerade aus der Schublade geholt hatte, sinken. "I'm sorry to hear that." David hob die Schultern. "Well, anyway, his mother called **a while ago**. She hasn't seen him since breakfast ..."

a while ago
vor einer Weile

Ob sie ihn wirklich vermisste?, dachte David. Manche Menschen hatten einen merkwürdigen Geschmack. Er an ihrer Stelle wäre eher froh, dieses Ekelpaket los zu sein.

"... and yesterday he told her he wanted to meet a boy with a foreign name. At first she thought he was talking about you", fuhr seine Mutter fort und begann den Tisch zu decken. "Can you get me the plates, please?"

"Was?" David runzelte die Stirn. Ein Junge mit einem ausländischen Namen?
"The plates", sagte seine Mutter geduldig.
"Nein, was du gerade gesagt hast."
"Harry wanted to meet a boy with a strange name and … David? David, where are you going?"

Harrys Mutter stand am Fenster und starrte die Auffahrt hinunter. In ihren Händen drehte sie beunruhigt ein Papiertaschentuch, es war schon völlig zerfetzt. Ihre sonst so gepflegten Haare hingen verklebt an ihrem Kopf wie Zuckerwatte.
Dick und Doof, Harrys Freunde, saßen auf einem Blümchensofa und sahen mürrisch, besorgt, teigig und gleichgültig aus, alles in einem einzigen Gesichtsausdruck. Der Dicke bohrte gelangweilt mit einem Kugelschreiber den Schaumstoff aus der Sofalehne. Als er Davids Blick sah, versteckte er den Kugelschreiber und legte seinen Unterarm über das Loch, seine Ohren wurden ein wenig rot dabei. Was für ein Trottel.
"Hello, Mrs Brown, I'm David Brix", stellte David sich höflich vor. "You asked my mother about Harry. Unfortunately, I haven't seen him. I'm sorry, but I can't help you."
"Thank you, Daniel, how nice of you to come here", sagte Harrys Mutter mit schwacher Stimme. David berichtigte den Namen nicht. "If you haven't seen Harry, maybe you've seen this other boy? Or do you know where they wanted to go?"
Davids Antwort wurde von einem Räuspern unterbro-

chen. Erst jetzt bemerkte er einen weiteren Besucher im Wohnzimmer von Harrys Eltern: Inspektor Clifton lehnte in der Ecke neben dem elektrischen Kamin, den Fuß scheinbar lässig auf das Gitter gestellt, und musterte David mit einem scharfen Blick. In der linken Hand hielt er ein aufgeklapptes Notizbuch.

"I'll talk to the boys **in a minute**, Mrs Brown", sagte er mit gekünstelter Freundlichkeit. "But first we should finish the description of your son."

"Yes. Yes." Das Taschentuch in Mrs Browns Händen riss. Sie starrte es verwirrt an, als hätte sie es vorher gar nicht wahrgenommen.

"He was wearing jeans. A blue sweatshirt with a **print** on it. And a grey baseball cap. I don't remember his shoes ..." Sie unterbrach sich, um sich eine Träne aus dem Augenwinkel zu wischen. "He's such a nice boy, Mr. Clifton – generous, very **good-natured** and **helpful**. Always **optimistic**. Everybody he met liked him. He's such a wonderful boy."

Sie vergrub ihr Gesicht in den Händen und David starrte sie ungläubig an. Erwartete sie wirklich, dass Inspektor Clifton mit dieser Beschreibung ihren Sohn finden würde? Großzügig? Freundlich? Beliebt? Das war nicht Harry. Es klang wie eine Stellenanzeige für den Papst.

Inspektor Clifton blickte zu Boden und sagte nichts, aber David stellte fest, dass er sich keine Notizen machte.

in a minute gleich
print Aufdruck
good-natured gutmütig
helpful hilfsbereit
optimistic optimistisch

"Do you have any idea about Harry's **whereabouts**?", fragte Harrys Mutter ihn ein letztes Mal.
David schloss die Augen. Im Herrenhaus, dachte er. Er konnte Harry förmlich vor sich sehen, in einem roten Samtjäckchen, mit einem Staubwedel in der einen und einem Putzeimer in der anderen Hand, wie er sich vor Zaid verbeugte und dabei murmelte: "Yes, master ..."

whereabouts Verbleib
handsome hübsch
to be tired of sth etw satt haben
invention Erfindung

Zu seiner Überraschung bemerkte David, dass ihm die Vorstellung ausgezeichnet gefiel. In seiner Fantasie setzte er Harry noch ein kleines Spitzenhäubchen auf und ...
"I only know that he wanted to meet a boy with a foreign accent", sagte Harrys Mutter leise. "He ran into him yesterday on the beach. And if it's not you, Damian" – sie blickte David aus wässrigen Augen an – "who could it be? There are no other children left in Burnham-on-Crouch."
There are no other children left in Burnham-on-Crouch. Was hatte sie gesagt? No other children left ... Und dann begriff er. David wurde von einer eiskalten Angst ergriffen. Er packte den Dicken am Arm und zog ihn fast vom Sofa hoch.
"Did you see Zaid?", flüsterte er. "A dark-haired boy, 14 or 15 years old. He's very **handsome** and looks very sad."
"Now don't start that again", unterbrach Inspektor Clifton ungehalten. "I **am tired of** your **inventions**."
Doch David ließ nicht locker. "Did you see him?", be-

harrte er auf seiner Frage, bis die Jungen den Kopf schüttelten. Sie sahen verwirrt und ein wenig ängstlich aus.

"I already told you this **bloody** boy doesn't **exist**, sagte Clifton wütend, "this is nothing but your imagination!"

bloody
verflucht
to exist
existieren

Aber David ließ sich nicht einschüchtern.

"Did the other kidnapped children see this boy before they disappeared?", fragte er den Inspektor. "Not the video cameras. Not the parents. The children."

Clifton sah aus, als hätte er etwas Bitteres geschluckt.

"Well, yes, some children talked about a foreign boy, but ..."

Aber David hörte nicht mehr zu. Alle entführten Kinder hatten Zaid getroffen. Wenn Harrys Freunde ihn nicht gesehen hatten, dann gab es noch nur noch zwei Kinder in Burnham-on-Crouch, die Zaid kannten: Lotte und er.

Sie würde Zaid als Nächstes holen.

Amina's Message

Mit fliegenden Fingern riss David ein Blatt aus seinem Notizbuch und warf das Heft auf den Boden. Zur Hölle mit den Hausaufgaben, zur Hölle mit dem Tagebuch. Er wusste noch nicht einmal, ob er den Schulanfang erleben würde.

Dear Mr. Clifton,
The kidnapper's name is Zaid y Somon el Hadsch-Harr'chd.
Lotte and I have been kidnapped, too. We're in the old house, behind the wall on the first floor. I don't know if you can rescue us, but please try. You'll have to hurry. In two days it will be too late.
The other children are alive. I can't explain everything (you would never believe me), but there's more information on my sister's laptop (her ***password*** *is 'darkness', but don't tell her I know it; she would kill me). You can ask Mrs Archd, too. She knows what's going on, even if she is a bit crazy.*
Best regards*,*
David Brix

password Passwort
to go on vorgehen
best regards viele Grüße

Es war ein jämmerlicher Brief. Das Dumme war nur, dass jede weitere Erklärung seine Geschichte noch unglaubwürdiger machen würde, als sie sowieso schon war.
David ließ sich auf sein Bett fallen, um zu überlegen, und spürte dabei eine Beule

in seiner Hosentasche: das Päckchen von Mrs Archd. Wenn er Inspektor Clifton einen Beweis liefern könnte … oder eine Waffe hätte … Mit zitternden Fingern riss er das Packpapier auf. Zum ersten Mal seit Stunden verspürte er so etwas wie ein wenig Hoffnung.

Er schob die letzte Lage Seidenpapier zur Seite und beugte sich vor. In seinen Händen lagen … Kekse. Sie hatte ihm Kekse eingepackt wie ein Lunchpaket für den Wandertag. David ließ enttäuscht die Hände sinken. Hatte er sich von der irren Alten wirklich Hilfe erhofft?

Dann ertasteten seine Finger zwischen den Krümeln etwas Hartes. Vielleicht …

Die Kette, die er in der Hand hielt, sah aus wie frisch aus einem Kaugummiautomaten gezogen. Der Stein, achtlos eingeklebt und matt, war aus zerkratztem Glas. Er drehte den Anhänger um. Das Amulett trug eine Aufschrift. Die Buchstaben waren klein und kaum zu erkennen. Er stand auf und ging ans Fenster. Im Sonnenlicht gelang es ihm, die Aufschrift zu entziffern: *Made in China.*

And here, Mr. Clifton, the **final proof**: a bracelet, made in China … Seufzend warf David die Kette auf sein Bett und faltete den Brief auf.

final endgültig
proof Beweis

Das Papier war offenbar uralt, von dunkelbrauner Farbe und schon halb zerfallen, die Kanten so oft auf- und zugefaltet, dass sie an den Rändern bereits eingerissen waren. Selbst die Tinte war im Lauf der Zeit zu einem matten Grau verblasst, dünn und durchscheinend wie Spinnweben.

Ganz oben stand, in einer eigentümlich altmodischen Schrift, das Datum:

September 12th, 1922.

Der Brief begann mit den Worten:

I was born in Persia in the year 1454. Together with my younger brother ...

Persia Persien

Die folgende Zeile war heftig durchgestrichen und übermalt. Die Hand musste dabei so stark gezittert haben, dass die Schreibfeder sich an einzelnen Stellen durch das Papier gedrückt hatte. David hob das Papier ans Fenster, aber selbst im Gegenlicht war nichts zu erkennen. Zwei Zeilen weiter konnte er die Worte

they took

entziffern, dann wieder nichts. Das Schreiben musste ihr ebenso schwergefallen sein wie das Sprechen. Offenbar hatte sie es wieder und wieder versucht, mit verschiedenen Stiften und Kugelschreibern, in Blockbuchstaben und einem moderneren Schriftbild, doch der Inhalt des Briefs war nicht zu entziffern. Einen einzigen Satz konnte David lesen, er stand

am Ende des Briefes und war in zittriger, kaum leserlicher Handschrift quer über die Seite geschrieben:

David, tell him I will come back if he lets my brother go.

Das Blatt war mit ihrem Namen unterzeichnet:

Amina y Somon el Hadsch-Harr'chd.

David hielt das Papier so vorsichtig in den Händen, als stünde es in Flammen.

The Hidden Room

hidden geheim

Sie rannten über den Feldweg zum Herrenhaus, so schnell sie ihre Beine trugen. Lotte lief einige Schritte voraus, David keuchte hinterher.

Lotte redete nicht viel, seit David in ihr Zimmer gelaufen war, so bleich und mit einem so erschütterten Gesichtsausdruck, dass Lotte fürchtete, er könnte vor ihr auf dem Fußboden zusammenbrechen.

"Zaid hat die Kinder entführt!", hatte er gesagt.

Lotte war völlig ausgerastet. "Du spinnst!", hatte sie geschrien. "Da war niemand! Kein einziges Kind, nicht mal eine Fußspur im ganzen Herrenhaus. Zaid ist vollkommen unschuldig!"

"Und ich habe Amina gefunden", hatte er gemurmelt. "Amina y Somon el Hadsch-Harr'chd." Mit zittriger Hand hatte er ihr das Blatt hingehalten.

Lotte hatte sich erst geweigert, dann den Brief aber doch gelesen. "Amina Harr'chd", hatte sie leise gesagt. "Amina Harr'chd ist Anne Archd. Sie haben den Namen eingedeutscht. Eingeenglischt. Wie auch immer."

"Aber ... geboren 1454 ...?", hatte David gefragt. "Wie soll das gehen?"

Als das Tor des Herrenhauses über ihnen aufragte, blieb Lotte abrupt stehen und packte David am Arm. "Es ist ein Jahrestag!", sagte sie aufgeregt. "Alle 180 Jahre ... wie Weihnachten, oder ein Geburtstag. Oder Neujahr."

David verstand. Er nickte langsam. "Nur dass dieses Neujahr nur alle 180 Jahre stattfindet. Weil die Zeit dort anders läuft?"

"Dann könnte Zaid tatsächlich Aminas Bruder sein. Er ist in den letzten 600 Jahren vielleicht nur um drei oder vier Jahre gealtert", fuhr Lotte fort. "Aber sie muss irgendwann abgehauen sein ..."
David zog den Brief aus seiner Hosentasche, um nachzusehen. "1922", warf er ein.
"Etwa in meinem Alter. Das könnte hinkommen."
"Und jetzt hilft sie uns, gegen ihren Bruder zu kämpfen?", fragte David unsicher.
"Oder auch nicht." Lotte blieb stehen und blickte am Tor des Herrenhauses hoch. "Es steht offen", flüsterte sie.
"Wie meinst du das?"
"Offen wie offen. Nicht abgeschlossen eben. Wie soll man das sonst meinen?"
"Nein, dass sie uns nicht hilft."
Lotte kniff die Augen zusammen, um sich zu konzentrieren. "Keine Ahnung, aber vielleicht ist das ja alles Teil des Plans. Immerhin gehen wir von selbst genau dahin, wo sie uns haben wollen. Ins Herrenhaus. Mit nichts als einem Kaugummiautomatenkettchen und einer Tüte Pfefferminzkekse." Und einer Schleuder und einer Tasche voll Kieselsteinen, dachte David, aber er sagte nichts.
Lotte fuhr fort: "Vielleicht sind alle anderen Kinder genauso hierhergekommen wie wir. Vielleicht haben sie auch gedacht, ihnen könnte nichts passieren." Sie blickte David an, und zu seinem Schrecken erkannte er, dass sie Angst hatte. "Was ist, wenn es wirklich nicht mehr sind als ganz normale Kekse? Was ist, wenn sie uns reingelegt haben?"

"Wenn du willst, gehen wir zurück und holen Mama", sagte David, ohne sie anzusehen.
"Nein." Lotte schüttelte müde den Kopf. "Erinnerst du dich an die Nacht, in der wir Zaid getroffen haben? Sie würde einfach einschlafen."
"Wir können noch abhauen, Lotte. Wir nehmen den nächsten Zug und fahren zu Papa nach London."
Lotte kratzte mit den Schuhen im Staub des Feldwegs. Dann seufzte sie.
"Ich hab mir gestern Abend die ganzen Zeitungsmeldungen im Internet noch mal angesehen", sagte sie leise. "Zwei der verschwundenen Kinder hatten geplant wegzufahren. Eines wollte übers Wochenende zu seiner Großmutter. In der Nacht vorher ist im Sturm ein Baum umgekippt und hat das Auto beschädigt. Die Zeitung hat es als tragisches Unglück bezeichnet. Und die andere Familie wollte über die Osterferien mit dem Nachtzug nach Schottland."
"Und?", fragte David atemlos.
"Der Zug ist ausgefallen. Blitzschlag."
David starrte seine Schwester an. "Du glaubst, sie können das Wetter manipulieren?" Sie nickte. "Ist das dein Ernst?" Sie nickte wieder.
"Lotte, was machen wir hier?"
Sie seufzte. "Wir kommen ihnen wenigstens zuvor. Ein Überraschungsangriff, sozusagen. Es ist unsere einzige Chance."
"Massakriert zu werden?", fragte David.
"Die anderen Kinder zu schnappen und dann nichts wie weg."
"Oh. Sicher", sagte David.

"Ach, keine Angst, Brüderchen", sagte Lotte mit einem verkrampften Grinsen. "Die manipulieren nur das Wetter. Wir dagegen haben eine Blechkette 'Made in China'."
Mit einem schiefen Lächeln schob sie das Tor auf. Es öffnete sich lautlos, die Scharniere waren frisch geölt. Als hätte man auf sie gewartet.

Zaid saß im Salon im ersten Stock auf einem der mit Schonbezügen abgedeckten Sofas und starrte seine Hände an.
"Hello, Zaid", sagte Lotte sanft, und David war sich sicher, dass sie rot wurde. Ihm wurde fast übel. Trotzig steckte er einen der Kekse aus seiner Hosentasche in den Mund und umklammerte das Kettchen fester.
"Surprised to see us? I hope we aren't interrupting anything important."
Zaid blickte auf. Ein trauriges Lächeln spielte um seinen Mund, als er die beiden erblickte, aber er schien nicht überrascht zu sein.
"You're a bit early", sagte er leise. In seinen Augen standen Tränen.
"Yeah", murmelte David trocken. "We're sorry. I hope you don't mind. Do you want us to come back another time?"
Aber Zaid schüttelte nur wortlos den Kopf und erhob sich langsam. Ohne einen Fußabdruck im Staub zu hinterlassen, ging er zum Kamin und legte seine Hand gegen das Mauerwerk.
"Follow me, please", sagte er traurig und seine Stim-

me zitterte. Für einen kurzen Moment wurde die Wand durchsichtig. Zaid verschwand.
Lotte und David sahen sich an. Dann holten sie tief Luft und folgten ihm.
Es war ein seltsames Gefühl, durch die Wand zu gehen. Real und doch nicht wirklich, wie ein Vorhang, den man streift und dann hinter sich lässt.
Sie erkannten den Raum sofort: Es war das Zimmer, das sie im Traum gesehen hatten, wie ein Spiegelbild des verstaubten Zimmers auf der anderen Seite des Kamins. Die gleichen Möbel, ohne Schonbezüge, abgestaubt und frisch poliert. Über den Teppich huschte keckernd ein Meerkätzchen, halb hinter einem riesigen Blumenstrauß versteckt. Das Haus hallte wider von eilenden Schritten und Musikinstrumenten, die gerade gestimmt wurden. Einige Kinder standen in der Ecke und sahen sie mit verschlafenen Augen an. Harry polierte Gläser und stellte sie auf den aufwendig gedeckten Tisch. Ohne sichtbare Reaktion glitt sein Blick über sie hinweg, bevor er sich wieder seiner Arbeit widmete. Der Boden glänzte im Sonnenlicht, es roch nach Bienenwachs und Seife. Blumengirlanden schlängelten sich über den gedeckten Esstisch, alles war festlich geschmückt und auf Hochglanz poliert. David blickte sich um. Das einzig Schäbige im ganzen Raum waren er und Lotte. Einer von Lottes Zöpfen hatte sich gelöst, die Haare hingen ihr strähnig ins Gesicht, sie sah unordentlich und fast verwahrlost aus. Davids Blick fiel auf seinen Ärmel, auf dem ein Marmeladenfleck vom Frühstück noch deutlich zu erkennen war. Die Hose hatte einen Riss am linken Knie

und seine linke Socke war bis auf den Knöchel herabgerutscht. Scham stieg in ihm auf. Mit einem Mal kam er sich ungewaschen und nutzlos vor neben den anderen Kindern, die geschäftig hin und her eilten, er wäre am liebsten im Erdboden versunken. Und er war furchtbar müde.

to get dressed sich anziehen
to change sich umziehen
afterwards danach
cloakroom Garderobe

Aber Zaids Lächeln war verständnisvoll und warm. Er klatschte in die Hände, gerade so, als hätte er Davids Gedanken gelesen. "First, you will have to **get dressed**. Jamie will show you the way upstairs, so you can **change**. **Afterwards**, you can help the other children in the kitchen", sagte er mit gütiger Stimme und David nickte dankbar. In der Küche hatte er schon immer gern geholfen. Er hoffte nur, dass er dabei seine Jacke nicht beschmutzen würde.
Jamie Higgs, der Junge aus dem Video, hörte die Anweisungen und kam, um Lotte und David aus dem Zimmer zu führen. "The **cloakroom** is on the second floor. Please hurry", murmelte er leise. David folgte ihm freudig. Schon bald würde er auch eine hübsche Jacke tragen und das schmutzige Ding, das er jetzt anhatte, vergessen. An der Schwelle drehte sich Jamie um, verneigte sich vor Zaid und sagte: "We will obey."
Irgendwo hörte David eine alte Frau lachen. Sie hatte ihm Kekse geschenkt.
Er blickte in die stumpfen Augen von Jamie Higgs.
"Lotte!", schrie er, "Lotte, warte!" Seine eigene Stimme kam ihm schrill und misstönend vor.

Lotte drehte sich um und runzelte die Stirn. Obwohl ihre Augen offen waren, schien sie zu schlafen. David pulte mit zitternden Fingern einen Keks aus seiner Hosentasche. Er war fast zerfallen und stank süßlich und ekelerregend nach Pfefferminz.
"Hurry up", murmelte Jamie Higgs, "hurry, we have to obey. The monkeys are coming ..." Eines der Meerkätzchen ließ sich vom Kronleuchter fallen und fletschte die Zähne.
David kniff die Augen zusammen und steckte sich den Keks in den Mund. Schlagartig war er wieder wach, die ungewohnte Schläfrigkeit fiel von ihm ab. Oh mein Gott, dachte er, verdammt, um ein Haar hätten Lotte und ich ... Er zuckte zusammen. Lotte!
"LtteHmppffftknn!", schrie er, "APwfftlöpffff!"
Er schluckte den trockenen Keks hinunter und packte Lotte am Arm.
"Lotte, komm schon!", rief er noch einmal. "Wach endlich auf!" Er hielt ihr einen Keks unter die Nase und schüttelte sie. Lotte blinzelte verwirrt und schien einen Augenblick zu schwanken, dann waren ihre Augen wieder klar. Sie riss David den Keks aus der Hand, steckte ihn in den Mund und starrte ihn erschrocken an.
Das Meerkätzchen begann zu fauchen. David zog die Schleuder aus seiner Hosentasche, legte einen Stein in die Schlaufe und zielte auf Zaids Kopf.

The Erl King's Desire

Kurze Zeit später fesselte David Zaid mit der Vorhangschnur Hände und Füße. Zaid sah bleich aus, über seine Stirn lief ein dünner Faden roten Blutes, aber sein Atem ging regelmäßig und ruhig. David steckte ihm sein Spitzenhalstuch in den Mund und band den Knebel mit einer Serviette fest. Zufrieden sah er den gefesselten Jungen an. So bald würde Zaid niemandem mehr Befehle erteilen.

desire Wunsch
to get sb out of the way jdn aus dem Weg schaffen
napkin Serviette

Er packte das kleine braunhaarige Mädchen, das neben ihm stand, und flüsterte: "Help me to hide him under the table. We have to **get** him **out of the way**."

Aber das Mädchen starrte ihn nur aus leeren Augen an und legte eine Blumengirlande, die Zaid im Fallen mitgerissen hatte, wieder zurecht. Dann wanderten ihre Augen unruhig umher. "Excuse me, have you seen the **napkins**?", fragte sie. "I have to set the table."

"Herrje." David schüttelte angewidert den Kopf und packte Zaid am Arm. Er schien bereits aufzuwachen, und obwohl David sich sicher war, dass er nicht in der Lage sein würde zu reden, wollte er nicht mehr im Herrenhaus sein, wenn Zaid die Augen aufschlug.

"Lotte, wir müssen los!", flüsterte er drängend.

Lotte schüttelte eines der Kinder unsanft am Arm. "Ich

kriege sie nicht wach, David", sagte sie. Ihre Stimme klang ungewohnt schrill, und in ihren Augen standen Tränen. "Ich kriege sie einfach nicht wach. Und was ist mit Zaid?", fragte sie weiter. "Was ist, wenn er verhungert?"

David verdrehte die Augen. "Sei doch froh, dass er ohnmächtig ist. Damit ist unser größtes Problem gelöst."

Zaids Kopf rollte hin und her. Dann schlug er die Augen auf. Ungläubig blickte er an sich herab, versuchte, die gefesselten Hände zu heben, und sah auf seine zusammengebundenen Füße. Dann starrte er David an, schüttelte verzweifelt den Kopf und bemühte sich, den Knebel auszuspucken.

"Er versucht, uns etwas zu sagen", hauchte Lotte und kniete sich neben ihm nieder.

"Ja, sicher", meinte David. "So etwas wie: 'Putzt das Treppengeländer in der Eingangshalle', zum Beispiel."

Zaid bäumte sich auf.

"Ich glaube, er will uns warnen."

"Ich glaube, du brauchst dringend einen Keks", sagte David.

In diesem Augenblick hörte das Feuer auf zu knistern. Die wenigen Staubflocken, die noch im Sonnenlicht getanzt hatten, sanken zu Boden. Die Blüten in den Kristallvasen neigten die Köpfe, und die Kinder sanken auf die Knie. Zaid schlug die Augen nieder und wurde bleich. Die Natur schien stillzustehen.

Etwas Mächtiges näherte sich. Es schien das Licht anzuziehen, die Flammen duckten sich und sackten zu

einer flackernden Glut zusammen. Die großen Flügeltüren am Ende des Saales sprangen donnernd auf.
Der König der Schwarzelfen mit seinem Hofstaat war gekommen.
Der Blick des Elfenkönigs glitt mit leichter Verwunderung über Lotte und David und blieb dann auf dem gefesselten Zaid hängen.
"Well", sagte er leise und ein seltsames Lächeln brachte seine Mundwinkel zum Zittern. "Well. My last two children. I have been expecting you. You want to play. What a ... what a **pleasant** surprise."

pleasant angenehm
jewel Juwel

Er war klein gewachsen, nicht viel größer als David, bleich und mit auffallend langen, schlanken Fingern, die einen glänzenden Gegenstand umfassten, eine Art Szepter, wie David es aus den Illustrationen seines alten Märchenbuchs kannte. Die Ohren waren spitz und lang gezogen und seine riesigen, türkisblauen Augen schimmerten feucht in dem edlen Gesicht. Dann öffnete er den Mund und entblößte eine Reihe winziger, spitzer Zähne, die wie Nadeln aus seinem Kiefer ragten.
David zuckte angewidert zurück: das Skelett im Garten von Mrs Archd! Es war also doch echt gewesen – wenn auch nicht menschlich. Sie musste mit den Schwarzelfen gekämpft und einen von ihnen getötet haben. Das Skelett stand in ihrem Garten zur Abschreckung, genau wie die seltsamen, nach Pfefferminz riechenden Pflanzen und ihre wilden Katzen. Aber keiner hatte auf sie und ihre Warnungen gehört: *They will never get them back, not for all the* ***jewels*** *in*

the world. Those children are gone forever. Sie war nicht halb so wahnsinnig, wie sie alle gedacht hatten. Mit zitternden Fingern nahm David einen weiteren Keks und reichte Lotte die Tüte, die inzwischen fast leer war. Sie mussten hier dringend verschwinden, sonst waren sie verloren. Er schluckte und zog das Amulett von Mrs Archd aus der Tasche. Es wog schwer in seiner Hand, als hätte es sich hier, auf der anderen Seite der Mauer, verändert. Er sah es an. Genau wie das Zimmer hatte es seine billige Schäbigkeit abgelegt und funkelte im Licht der Kerzen wie reines Gold. David hängte es sich um den Hals und hob drohend die Schleuder.

Aber der Elfenkönig beachtete die Waffe nicht. Sein Blick war starr auf das Amulett gerichtet, er schien es wiederzuerkennen. Eine seltsame Verwandlung ging mit ihm vor. Er streckte die Hand aus und ein flüchtiger Schatten glitt über sein Gesicht. Verlangen? Sehnsucht? Gier? David konnte den Ausdruck nicht deuten und der Augenblick war vorüber, bevor er ihn wirklich verstanden hatte.

Dann zog der Erlkönig seine Hand zurück, ballte die Finger zur Faust und begann, scheinbar desinteressiert mit seinem Monokel zu spielen. Er wirkte erheitert und fixierte David mit einem plötzlich freundlichen Lächeln.

"That looks like a nice braclet", sagte er betont gleichgültig und streckte die Hand aus, um danach zu greifen. "May I see it?" Raunend streckten seine Begleiterinnen die Köpfe vor.

David wusste nicht, was er sagen sollte. Dieses Amulett war das Einzige, was er gegen den Elfenkönig in der Hand hatte. War es ein Pfand? Oder sollte es ein Versöhnungsgeschenk sein? Dann dachte er an den seltsam gierigen Ausdruck, den er in den Augen des Königs gesehen hatte, und schüttelte langsam den Kopf.

Mit einem leisen Zischen zeigte der Erlkönig eine Reihe spitzer weißer Zähne.

"**Hand** it **over**! It's mine, you know. Mine", flüsterte der König mit einem falschen Lächeln und hielt auffordernd die Hand auf. "It was stolen years ago. By a girl I once knew. A girl I loved ... Amina ..."

> **to hand sth over** etw übergeben
> **common** normal
> **to restore** zurückerstatten

"Amina!", rief Lotte überrascht. "You know her?"

"Just a **common** human girl", sagte der Elfenkönig leise, "but she was so beautiful I decided to keep her. She could have been my queen." Er starrte in die Ferne, in Erinnerungen versunken. "She ran away, in a terrible thunderstorm. I couldn't find her ... And then I found out she had taken my bracelet of power."

Plötzlich fuhr er zu David herum. "So you came to **restore** it to me?" In den Augen des Elfs glomm wieder die Gier. Schnell wandte er den Blick ab.

David versuchte zu schlucken, aber sein Mund war trocken wie Sand.

"No", sagte er.

"No?" Der Erlkönig fuhr auf und zeigte sich in seiner ganzen Macht, mit einem Mal schien er riesig groß zu sein. Mit schrillen Schreien flüchteten die Affen in die

Zimmerecken. Dunkelheit sammelte sich um den Elf und seine spitzen Zähne glitzerten drohend im Gegenlicht. "I could take it from you by force." Seine Stimme drang David bis ins Mark.
David zitterte. "No", sagte er noch einmal. Der Erlkönig richtete sich auf und hob drohend sein Szepter. "If you could have taken it, you wouldn't have asked", sagte David schnell. Der Elf zuckte zurück, bösartig zischend. "But I could give it to you", schlug David mit zitternder Stimme vor. "We could **make a deal**."

Der Erlkönig zog scharf die Luft ein. "A deal", sagte er leise. "A deal." Seine Stimme war wieder einschmeichelnd und sanft. Das Monokel glitt so schnell zwischen seinen Fingern hindurch, dass es zu einem silbernen Band zu verschwimmen schien. "What exactly **have** you **in mind**, little boy?"

to make a deal ein Geschäft machen
to have sth in mind etw im Sinn haben
in exchange im Austausch dafür

"Leave me and Lotte alone and let us take the children with us", sagte David fest. "**In exchange**, you'll get the bracelet."
"Done!", rief der Erlkönig fröhlich und rieb sich die Hände. "I swear." Er hob die schlanken Finger zum Schwur und das gierige Glitzern kehrte in seine Augen zurück. "Give it to me now."
Seine Begleiter brachen in begeistertes Klatschen aus. Zaid hatte sich in seinen Fesseln aufgerichtet und schüttelte verzweifelt den Kopf. Undeutliche Schreie drangen unter seinem Knebel hervor.
Lotte packte David am Arm und zog ihn zurück.

"First you let the children go", sagte David entschieden.
Mit einer einzigen leichten Handbewegung schickte der Elf die Kinder herüber. David starrte ihn überrascht an. Er hatte nicht damit gerechnet, dass es so leicht sein würde. Der König lächelte sanft.
Die Kinder rieben sich die Augen, starrten ungläubig auf ihre ungewohnte Kleidung, die Affen, die auf die Sofalehnen gekrochen waren, und sagten Dinge wie: "I want to go home to my mum", oder: "Where are we?"
Harry sagte: "Look who's here – the German idiot."
Lotte nickte David wortlos zu. Er zog sich die Kette vom Hals und reichte sie mit weit ausgestreckter Hand dem Erlkönig. Dessen weiße Finger schlossen sich um das Amulett.
"Thank you", sagte er milde und zog mit dem Zeigefinger eine glühende Linie in die Luft. "Thank you so very much and goodbye, my friend." Dann ließ er sich in einen hastig herbeigeschobenen Sessel sinken, schlug die Beine übereinander und blickte die Kinder mit einem freundlichen Lächeln an.

Amina's Revenge

"Okay", sagte David, immer noch überrascht, wie einfach es gewesen war. "Okay, dann … gehen wir mal, oder?"

"Hey, David, das war richtig klasse", sagte Lotte mit echter Bewunderung in der Stimme. "Wahnsinn! Dem hast du es gezeigt. Ich wusste gar nicht, dass du das drauf hast, kleiner Bruder. 'We can make a deal' und so."

David starrte sie ungläubig an. Ein Lob von Lotte? Wow! Aber er hatte keine Zeit, sich darüber zu freuen, sie mussten hier weg.

revenge Rache
to keep einhalten
to be mistaken sich irren

Lotte drehte sich um, machte einen Schritt – und prallte gegen die Wand.

"Wa… was …?", stammelte sie und schlug mit der Faust dagegen.

David schob sie zur Seite und untersuchte die Wand. Die Mauer, durch die sie eben noch ungehindert gekommen waren, war nicht mehr durchlässig, sondern undurchdringlich wie ein Fels. Wütend fuhr er herum.

"Hey! I **kept** my part of the deal!", schrie er den Erlkönig aufgebracht an. "You've got to let us go!"

Lächelnd legte der König die schlanken Fingerspitzen gegeneinander und neigte nachsichtig den Kopf.

"But I'm afraid you **are mistaken**, my little boy", sagte er lächelnd. "I promised to leave you alone." Seine Stimme war glatt wie … Öl. "Which is exactly what I am doing right now." Er hob die Hände und zeigte

eine Reihe spitzer, glatter Zähne. "I'll leave you alone."
"What?", frage David fassungslos.
"You never mentioned the words ***freedom***, *safe*, or *unharmed*, did you?", erklärte der Erlkönig sanft.
David nahm eine Vase und warf sie wutentbrannt gegen die Wand; sie zerbrach in tausend Stücke. Verzweifelt begann er, mit dem Griff seiner Schleuder gegen die Wand zu schlagen, aber er hinterließ nicht einmal einen Riss in der Tapete.
David fuhr herum. "Give it back!", schrie er und ging drohend auf den Erlkönig zu.
Ein Flammenstoß raubte ihm den Atem. Die Linie, die der Elf in die Luft gezogen hatte, erstreckte sich jetzt vom Boden bis zur Decke, weiß glühend wie flüssiges Eisen. Eine unglaubliche Hitze schlug ihm entgegen. David schlug die Hände vors Gesicht, um sich zu schützen, und ließ sich keuchend gegen die Wand fallen.
"A deal is a deal, my boy. You should never forget that", sagte der König lächelnd. Sein Gefolge kicherte. Huldvoll wandte er sich seinen Elfen zu und winkte.

freedom
Freiheit

"David?", sagte Lotte leise. "David, ich glaube, wir haben nicht mehr viel Zeit." In ihren Armen hielt sie ein schlafendes Kind.
"I'm hungry", murmelte eines der älteren Kinder und die anderen nickten. "Die Zeit vergeht hier viel langsamer", sagte Lotte, "aber in unserer Welt sind bestimmt schon zwei Tage vorbei. Er hält uns zwischen den Welten gefangen und die Zeit vergeht fast zwei-

hundertmal so schnell." Sie blickte auf die weinenden Kinder und sagte: "Wir werden verhungern, David."
David richtete sich auf.
"Why are you doing this?", schrie er den König an. "They **are starving to death**! Why do you want to kill us?"
"Me? I'm not doing anything", sagte der Elf und es klang ein wenig beleidigt.
"You **murdered** all those children!", schrie Lotte wütend.
"All we had was a little fun. I never meant to hurt anybody."
"What did you do to them?", fragte Lotte aufgebracht.
"Nothing. Nothing at all", sagte der Elf gekränkt, als fühlte er sich missverstanden. Sein Hofstaat schüttelte die Köpfe, entrüstet über Lottes Anschuldigung.
"We just celebrated my dearest anniversary, the Ratcatcher's Day", erklärte der König freundlich. "To celebrate my **coronation day**, the children **put on a** little **show** for us. That's all. Just a little jump from the cliff. They **took a** little **swim** in the sea ..."
"They all died!" Lotte war bleich vor Wut.
Der König warf die Hände in die Luft. "You humans are so **fragile**! That's not my fault." Mürrisch klatschte er in die Hände und wandte sich ab.
"Sprich weiter, Lotte", zischte David mit zusammengebissenen Zähnen. "Wir müssen ihn irgendwie ablenken ..." Er verteilte Kekse an die Kinder und leerte dann seine Taschen, in der Hoffnung, noch irgend-

to starve to death verhungern
to murder ermorden
coronation day Krönungstag
to put on a show etwas vorführen
to take a swim schwimmen
fragile empfindlich

etwas Ess- oder Brauchbares zu finden. Plötzlich ertönte hinter ihm an der Wand ein dumpfes Pochen.
David fuhr herum. Er wusste, was dieses Geräusch bedeutete. Inspektor Clifton, schoss es ihm durch den Kopf, das ist der Inspektor, der versucht, die Wand zu durchbrechen! Wenn wir ihn auf uns aufmerksam machen könnten – mit einem Geräusch – oder Feuer …
verzweifelt wühlte er in seinen Hosentaschen. Aber bis auf ein einzelnes Blatt Papier waren sie leer. Er zog den Brief von Mrs Archd heraus. Sein Blick fiel auf ihre Schrift, diese dünnen, zittrigen Buchstaben, so fein wie Spinnweben.
Make him swear. David, tell him I'll come back if he lets my brother go.
Mit einem Mal verstand er alles.
"Zaid!", rief er. "Zaid is the key! He can move between the two worlds."
Der Hofstaat des Königs begann zu klatschen. Der König lächelte zustimmend.
"With Zaid we can cross this wall and go home?", fragte David.

to trade
tauschen

Der König entblößte seine Zähne. "Yes, my boy." Er nickte freundlich. "But I'm afraid it's too late, isn't it? You've got nothing left to **trade**."
David starrte auf das Blatt Papier in seinen Händen. Sie zitterten leicht. Es kam ihm schrecklich vor, die alte Frau auszuliefern. Aber sie musste gewusst haben, dass es so enden würde.
"We have Amina", sagte David leise.
Mit einem Keuchen fuhr der Erlkönig auf. Zaid spannte

seinen ganzen Körper und warf sich verzweifelt hin und her in dem Versuch, seine Fesseln abzuschütteln.
"Amina y Somon el Hadsch-Harr'chd", sagte David, jetzt mit fester Stimme.
Ein wehmütiger Ausdruck glitt über das Gesicht des Elfenkönigs, und die Flammenwand zwischen ihm und den Kindern verschwand bis auf ein dünnes, im Luftzug flackerndes Band.
"My beautiful little Amina", murmelte der König mit einem versonnenen Lächeln, das Gesicht weich vor Sehnsucht. "My **precious** Amina. Tell me about her."

precious teuer
to take no notice of sb jdn ignorieren
melancholy melancholisch

"Well, she ..." David hob die Schultern. Was gab es da zu erzählen? "She lives up there by the cliff, all alone with her cats. She's a bit ..."
"... every day, she walks by the beach", rief Lotte schnell. "And her dark hair flies in the wind. She is incredibly beautiful, but she always looks very sad, as if she had lost something that was very dear to her."
David warf Lotte einen irritierten Blick zu. Was erzählte sie da?
"All the men in the village are crazy about her", fuhr Lotte fort und starrte David mit einem falschen Lächeln an. "But she **takes no notice of** them."
Zu Davids Überraschung nickte der König bedächtig. "Yes", sagte er mit verklärtem Blick. "Yes, that's Amina. And you really think she has lost something?" Seine Zunge fuhr zwischen den Zähnen hervor und leckte über die Lippen. "Do you think she's ... missing something? Or somebody?"

"She looks very **melancholy**", sagte Lotte sanft, und David, der endlich verstanden hatte, verzog sein Gesicht zu einem unaufrichtigen Lächeln.

to release sb
jdn freilassen

"Amina ...", murmelte der König verträumt. Seine Hofdamen zogen die Augen wütend zusammen und senkten raunend die Köpfe.

"She told me to make you swear. If you **release** her brother, Amina will return", sagte David fest. Mit zitternder Hand hob er den Brief. Der Erlkönig streckte gierig die Hand danach aus. David zog den Brief zurück. "And this time you'll let us go? All of us?", fragte er vorsichtig. "You'll let us return back home, never come back, you won't hurt us? No more spells and firewalls?"

"Yes. Yes." Ungeduldig wedelte der König die Einwände beiseite, er hatte jegliches Interesse an David verloren. "We'll leave this part of England and never come back again", versprach er. Persönlich hob er Zaid auf die Beine und stieß ihn in Lottes Arme.

David blickte sich um. Hinter ihnen wurde die Wand durchsichtig, sie konnten Inspektor Clifton und seine Männer sehen, die mit Brecheisen und Feuerwehräxten vergeblich auf die Mauer einschlugen. Der Erlkönig hatte die Hand erwartungsvoll ausgestreckt. Bleich und noch immer sprachlos starrte Zaid ihn an und schüttelte verzweifelt den Kopf, als wollte er David bitten, seine Schwester nicht zu opfern. Der Brief in Davids Händen zitterte.

Lotte riss ihn ihm aus der Hand und reichte ihn dem König.

"It's a deal", sagte sie laut und deutlich.
"Amina ...", flüsterte der König und hinter David brach die Wand ein.
Verschwitzt und staubig drängte sich Inspektor Clifton durch die Bresche. "I've got them", schrie er mit sich überschlagender Stimme. "We've found them! They're all here, **safe and sound**!" Sein Gesicht glänzte im Triumph. Dann wich er zur Seite.

safe and sound gesund und munter
companion Gefährte, Gefährtin

Hinter ihm erschien eine in einen schwarzen Mantel gehüllte Gestalt. Ihr Gesicht lag im tiefen Schatten einer Kapuze. Ginsterkatzen strichen um ihre Beine.

"Was hast du getan?", flüsterte David Lotte zu. "Die arme Mrs A..."
Lotte wandte sich um und lachte.
"Amina", rief der Erlkönig, der zunehmend durchsichtiger wurde und in der Dunkelheit seiner Zauberwelt verschwamm. Staub legte sich auf den Saal, der festlich gedeckte Tisch versank im Dämmerlicht. Amina y Somon el Hadsch-Harr'chd trat durch das Loch in der Mauer auf ihn zu, vorbei an Lotte und David. Zaid versuchte sich loszureißen, aber sie ging an ihm vorüber, ohne ihn anzusehen.
"Amina!" Der Erlkönig breitete die Arme aus und lächelte selig. "Back at last, my dearest **companion**!"
Die alte Frau schob ihre Kapuze zurück.
Mit einem Schrei starrte der König auf ihr eingefallenes Gesicht und schlug die Hände vor seine Augen. Sie brach in schrilles Gelächter aus. Ihre Katzen stürzten sich auf den Hofstaat und rissen ihre Gewänder in

Fetzen, bevor sie kreischend über die Affen herfielen. Rückwärts gehend wedelte der König mit den Armen. "Go away! **Shove off!**", schrie er, seine Stimme hoch und dünn vor Entsetzen. "I'll set you free! You're all free!"

Shove off!
Hau ab!
to get rid of sth
etw beiseiteschaffen

Amina legte den Kopf zurück und lachte.

Mit verzerrtem Gesicht stolperte der Elf schreiend rückwärts. "**Get rid of** these cats!", wimmerte er. Er stolperte über einen Stuhl und riss das Tischtuch mit sich. Klirrend zerbrachen die Gläser und rollten über den Fußboden, Wein schimmerte in Pfützen rot wie Blut. Kreischend und fauchend balgten sich Affen und Katzen in den Scherben, sie rissen die Blumengirlanden mit sich. Blütenblätter bedeckten den Boden wie Schnee. "Take them away!", kreischte der König.

Lotte zog David und Zaid am Arm durch das Loch im Mauerwerk. "Sie ist alt, David", flüsterte sie. "In unserer Welt ist es ein Wunder, dass sie noch lebt. Aber hier" – sie drehte den Kopf zu der Elfenwelt, die rascher und rascher verschwand – "hier läuft die Zeit langsamer. Hier lebt sie noch Jahrhunderte. Und ...", Lotte grinste jetzt über das ganze Gesicht, "und ich habe das Gefühl, dass es eine Schreckensherrschaft wird."

Das Letzte, was David und Zaid von der Welt des Erlkönigs wahrnahmen, war die alte Mrs Archd, in ihren dunklen Mantel gehüllt, mit einer ihrer Katzen auf dem Arm, umhüllt vom Duft von Pfefferminz. Zu ihren Füßen kroch der König auf allen vieren und versuchte vergeblich, sich an den Möbeln hochzuziehen, während eine der Katzen sich in sein Bein krallte. Amina blickte zurück, ihrem Bruder in die Augen. Sie lächelte, ihre Lippen formten die Worte: "I love you." Um ihre Beine strichen die Katzen und blickten mit ihren goldenen Augen herüber. Auch sie schienen zu lachen. Ein letztes Mal hob Amina y Somon el Hadsch-Harr'chd die Hand und grüßte ihren Bruder. Dann war sie verschwunden.

Ein Constable kam, legte jedem von ihnen eine Decke um die Schultern und führte sie aus dem Zimmer. Davids Mutter drängte sich durch die Absperrung und breitete ihre Arme aus, die Augen nass von Tränen.

One month later

I don't remember what we told Inspector Clifton, schrieb David in sein Tagebuch. *Lotte talked most of the time. She told the police about Zaid's* ***heroism*** *and the fact that he saved our lives. They didn't really believe her – not after all the stories about* ***elves*** *and the ratcatcher on her laptop. But the old house* ***collapsed*** *and the children didn't remember anything. In the end they had to believe us. I guess they were so* ***relieved*** *to have the children back that they didn't really want to know the truth.*

Then Dad found a bracelet in the ***ruins****. It looked like the one we gave to the Erl King, and this time the* ***diamond*** *was real. There were other jewels, too, and* ***paintings*** *and all kinds of* ***antique*** *stuff. Archaeologists came from all around the world to look at that* ***treasure****. They're still wondering what culture they come from.*

heroism Heldenmut
elves Elfen
to collapse einstürzen
relieved erleichtert
ruins Trümmer
diamond Diamant
painting Gemälde
antique antik
treasure Schatz
to vanish verschwinden

David hielt mit dem Schreiben inne und grinste in sich hinein. Mit einem Mal war das abgelegene Dorf Burnham-on-Crouch zur wichtigsten archäologischen Fundstätte in England geworden. Sein Vater hatte die Aufsicht über die Ausgrabungen übernommen.

Dad said he would never leave us again, not after we had ***vanished****. Mum keeps saying they'd never been so scared in their lives. Unfortunately I still have to do the dishes. But at least Dad is here all the time (and so is my Xbox!).*

Zaid lives with us too, he's got the small room next to the kitchen. He helps dad with his work – he still remembers all kinds of ***hiding places*** *and hidden doors – but in September he'll have to go to school with us like any normal child.*
In addition to *the 5,000 pound reward Lotte and I made a lot of money giving interviews to newspapers and* ***TV stations****. I bought some new games for the Xbox and the best and coolest black BMX bike on earth. Lotte spent her money on new clothes.* ***Dressing up*** *for Zaid, I guess.* ***By now****, I* **am** *almost* ***used to*** *that* ***sheepish****, useless look they get whenever they think they are alone. Who would have guessed Zaid had such lousy* ***taste****?*
We also bought Digitalis Pfefferminza *and planted it all over the ruins. Amina's* ***lordship*** *will go on as long as she lives. But what's more important: Two of the kidnapped boys are really nice. They live no more than three* ***miles*** *away and we're going to be classmates next year. They already helped me to* ***beat up*** *Harry. We'll be great friends.*

hiding place Versteck
in addition to zusätzlich
TV station Fernsehsender
to regret bedauern
to dress up sich herausputzen
by now inzwischen
to be used to etw gewöhnt sein
sheepish belämmert
taste Geschmack
lordship Herrschaft
to beat sb up jdn verdreschen

David schlug die Seite um und starrte auf die Pappe des Buchrückens. Das Notizbuch war voll.
The last reporter left a week ago. Nobody cares about what happened any more. That's alright. We were tired of explaining (especially since nobody believed a word we said, anyway). Sometimes I think it was just a dream.